Sur la secte indienne des Jainas

Georg Bühler et James Burgess

Writat

Cette édition parue en 2023

ISBN : 9789359257181

Publié par
Writat
email : info@writat.com

PRÉFACE.

L'essai du regretté Dr Georg Bühler, *Ueber die Indische Secte der Jaina* , lu lors de la réunion anniversaire de l'Académie impériale des sciences de Vienne le 26 mai 1887, est épuisé depuis un certain temps sous forme séparée. Sa valeur en tant que récit succinct de la secte Śrâvaka, par un érudit connaissant cette secte et leur littérature religieuse, est bien connue des érudits européens ; mais pour presque tous les indigènes instruits de l'Inde, les ouvrages publiés en allemand et dans d'autres langues continentales sont pratiquement des livres scellés, et ainsi les nouvelles informations qu'ils sont en mesure d'apporter ne sont pas obtenues. On espère que la traduction de ce petit ouvrage rencontrera leur acceptation ainsi que celle des Européens en Inde et ailleurs pour lesquels l'original est inconnu ou qui ne trouvent pas une langue étrangère aussi facile à lire que la leur.

La traduction a été préparée sous ma direction et avec quelques courtes notes de bas de page. J'ai transféré la longue note du professeur Bühler sur l'authenticité de la tradition Jaina dans une annexe (p. 48) incorporant un résumé de ce qu'il a ensuite développé comme preuve de sa thèse.

Au récit de Colebrooke sur les karas Tirtham [postvocaliques] vénérés par les Jainas, mais peu de choses ont été ajoutées depuis sa publication dans le neuvième volume des *Asiatic Researches* ; et comme ceux-ci sont le centre de leur culte, toujours représentés dans leurs temples et entourés de figures qui les accompagnent, j'ai osé ajouter un récit un peu plus complet d'eux et un résumé de la mythologie générale de la secte, qui peut être utile. à l'archéologue et à l'étudiant de leur iconographie.

Édimbourg, avril 1903. **J. BURGESS** .

LA SECTE INDIENNE DES JAINAS.

La secte *Jaina* est une société religieuse de l'Inde moderne, en contradiction avec le brahmanisme, et possède des prétentions incontestables sur l'intérêt de tous les amis de l'histoire indienne. Cette affirmation repose en partie sur les particularités de leurs doctrines et coutumes, qui présentent plusieurs ressemblances avec celles du bouddhisme, mais, surtout, sur le fait qu'il a été fondé à la même époque que ce dernier.

Des communautés plus grandes et plus petites de *Jainas* ou *Arhata* , c'est-à-dire des disciples du prophète, qui est généralement appelé simplement le *Jina* - « le conquérant du monde », - ou l' *Arhat* - « le Saint », - On les trouve dans presque toutes les villes indiennes importantes, en particulier parmi la classe marchande. Dans certaines provinces de l'Ouest et du Nord-Ouest, au Gujarât, au Râjputâna et au Panjâb, ainsi que dans les districts dravidiens du sud, notamment au Kanara, ils sont nombreux ; et, grâce à l'influence de leur richesse, ils occupent une place de premier plan. Ils ne présentent cependant pas une masse compacte, mais sont divisés en deux branches rivales - les *Digambara* et *Śvetâmbara* [1] - dont chacune est scindée en plusieurs subdivisions. Les Digambara, c'est-à-dire « ceux dont la robe est l'atmosphère », doivent leur nom au fait qu'ils considèrent la nudité absolue comme le signe indispensable de la sainteté, [2] - bien que les progrès de la civilisation les aient contraints à s'écarter du pratique de leur théorie. Les Śvetâmbara, c'est-à-dire « ceux qui sont vêtus de blanc », ne revendiquent pas cette doctrine, mais considèrent comme possible que les saints, qui s'habillent, puissent également atteindre le but le plus élevé. Ils admettent cependant que le fondateur de la religion jaïna et ses premiers disciples dédaignaient de porter des vêtements. Ils sont divisés, non seulement par cette querelle, mais aussi par des divergences sur les dogmes et par une littérature différente. La séparation doit donc être ancienne. La tradition le confirme également, même si les dates indiquées ne coïncident pas. D'après les inscriptions, il est certain que la scission s'est produite avant le premier siècle de notre ère. [3] Leurs opinions opposées se manifestent par le fait qu'ils ne s'accordent pas le droit de se marier ou de manger à la même table, les deux principales marques de l'égalité sociale. Malgré l'âge du schisme et l'inimitié qui divise les deux branches, elles sont d'accord quant à la disposition de leurs communautés, à leur doctrine, à leur discipline et à leur culte, du moins sur les points les plus importants ; et ainsi, on peut toujours parler de la religion Jaina dans son ensemble.

Le trait caractéristique de cette religion est sa prétention à l'universalité, qu'elle tient en commun avec le bouddhisme, et en opposition avec le brahmanisme. Il déclare également que son objectif est de conduire tous les hommes au salut et d'ouvrir ses bras, non seulement au noble aryen, mais aussi aux bas-nés Śûdra et même à l'étranger profondément méprisé en Inde, le Mlechcha. [4] Comme leur doctrine, comme celle de Bouddha, est à l'origine un système éthique philosophique destiné aux ascètes, les disciples, comme les bouddhistes, sont divisés en ecclésiastiques et laïcs. A la tête se trouve un ordre d'ascètes, à l'origine Nirgrantha « ceux qui sont libérés de toutes bandes », maintenant généralement appelés Yatis – « Ascètes », ou Sâdhus – « Saints », qui, parmi les Śvetâmbara, admet également les femmes, [5] et sous eux la communauté générale des Upâsaka « les Adorateurs », ou des Śrâvaka, « les auditeurs ».

Les ascètes sont seuls capables de pénétrer dans les vérités qu'enseigne Jina, de suivre ses règles et d'atteindre la plus haute récompense qu'il promet. Mais les laïcs, qui ne se consacrent pas à la recherche de la vérité et ne peuvent renoncer à la vie du monde, trouvent toujours refuge dans le jaïnisme. Il leur est permis, en tant qu'auditeurs, de partager ses principes et d'entreprendre des devoirs qui ne sont qu'une faible copie des exigences imposées aux ascètes. Leur récompense est naturellement moindre. Celui qui reste dans le monde ne peut atteindre le but le plus élevé, mais il peut néanmoins parcourir le chemin qui y mène. Comme toutes les religions hindoues fondées sur la spéculation philosophique, le jaïnisme voit ce but suprême dans *le Nirvâna* ou *Moksha* , la libération de l'individu du *Sam[postvocalique] sâra* , la révolution de la naissance et de la mort. Les moyens d'y parvenir sont pour lui, comme pour le bouddhisme, les trois joyaux : la vraie foi, la bonne connaissance et la bonne marche. Par la Foi juste, il comprend l'abandon total de lui-même au maître, le Jina, la ferme conviction que lui seul a trouvé le chemin du salut et que ce n'est qu'avec lui qu'il peut trouver protection et refuge. Demandez qui est Jina, et le Jaina donnera exactement la même réponse que le bouddhiste en ce qui concerne Bouddha. Il est à l'origine un homme égaré, lié par les liens du monde, qui, - non par l'aide d'un enseignant, ni par la révélation des Vedas - qui, déclare-t-il, sont corrompus - mais par son propre pouvoir. , a atteint l'omniscience et la liberté et, par pitié pour l'humanité souffrante, prêche et déclare la voie du salut qu'il a trouvée. Parce qu'il a conquis le monde et les ennemis dans le cœur humain, il est appelé Jina « le Vainqueur », Mahâvîra, « le grand héros » ; parce qu'il possède la connaissance la plus élevée, il est appelé Sarvajña ou Kevalin, l'« omniscient », Bouddha, « l'illuminé » ; parce qu'il s'est affranchi du monde il reçoit les noms de Mukta « le délivré », Siddha et Tathâgata, « le parfait », Arhat « le saint » ; et en tant que proclamateur de la doctrine, il est le Tîrthakara "le chercheur du gué", à travers l'océan du *Sam[postvocalique] sâra* . Dans ces épithètes, appliquées au fondateur de leur doctrine, les Jaïns s'accordent presque entièrement avec les bouddhistes, comme nous le laisserait supposer la ressemblance de son caractère avec celui de Bouddha. Ils préfèrent cependant utiliser les noms Jina et Arhat, tandis que les bouddhistes préfèrent parler de Bouddha comme

Tathâgata ou Sugata. Le titre Tîrthakara est propre aux Jainas. Chez les bouddhistes, c'est une désignation pour les faux enseignants. [6]

Le Jaina dit cependant plus loin qu'il y avait plus d'un Jina. Vingt-quatre sont apparus à de longs intervalles et ont restauré à maintes reprises dans leur pureté originelle les doctrines obscurcies par les mauvaises influences. Ils sont tous issus de tribus nobles et guerrières. C'est seulement chez ceux-là, et non parmi les Brâhmanes inférieurs , qu'un Jina peut voir la lumière du monde. Le premier Jina Rıshabha, - il y a plus de 100 milliards d'océans, - des périodes d'une durée inimaginable, [7] - est né en tant que fils d'un roi d'Ayodhyâ et a vécu huit millions quatre cent mille ans. Les intervalles entre ses successeurs et la durée de leur vie devinrent de plus en plus courts. Entre le vingt-troisième, Pârśva et le vingt-quatrième Vardhamâna, il n'y avait que 250 ans, et l'âge de ce dernier est donné comme étant seulement de soixante-douze ans. Il est apparu, selon les uns, dans la dernière moitié du VIe siècle, selon d'autres dans la première moitié du Ve siècle avant JC. Il est bien sûr le véritable prophète historique des Jaïns et c'est dans sa doctrine, que les Jaïns devrait croire. La datation de l'origine de la religion Jaina s'accorde encore une fois avec les prétentions des bouddhistes, qui reconnaissent tour à tour vingt-cinq bouddhas qui enseignèrent le même système. Même avec le brahmanisme, il semble être lié d'une manière lointaine, car ce dernier enseigne dans sa cosmogonie, l'apparition successive de démiurges et de sages - les quatorze Manus, qui, à diverses époques, contribuèrent à achever l'œuvre de création et proclama la loi brahmanique. Ces idées brahmaniques ont peut-être donné naissance aux doctrines des vingt-cinq Bouddhas et des vingt-quatre Jinas, [8] qui, certainement, sont des ajouts ultérieurs dans les deux systèmes.

La compréhension incontestable et absolument correcte des neuf vérités exprimées par le Jina, ou du système philosophique enseigné par le Jina, représente le deuxième Joyau : la vraie Connaissance. Ses principales caractéristiques sont brièvement les suivantes. [9]

Le monde (par lequel nous devons comprendre non seulement les continents visibles, mais aussi les continents imaginaires représentés avec la fantaisie la plus extravagante, les cieux et les enfers de la cosmologie brahmanique, prolongés par de nouvelles découvertes) est incréé. Il existe, sans dirigeant, uniquement par la puissance de ses éléments, et est éternel. Les éléments du monde sont six substances : les âmes, *le Dharma* ou mérite moral, *l'Adharma* ou péché, l'espace, le temps, les particules de matière. De l'union de ces derniers naissent quatre éléments : la terre, le feu, l'eau, le vent, et en outre les corps et toutes les autres apparences du monde sensible et des mondes surnaturels. Les formes des apparitions sont pour la plupart immuables. Seuls les corps des hommes et leur âge augmentent ou diminuent en conséquence de l'influence plus ou moins grande du péché ou du mérite, pendant des périodes incommensurablement longues, l' *Avasarpin i* et l' *Utsarpin i* . Les âmes sont, chacune en soi, des existences indépendantes et réelles dont le fondement est l'intelligence pure et qui possèdent une impulsion à l'action. Dans le monde, ils sont toujours enchaînés à des corps. La raison de cet enfermement est qu'ils s'abandonnent au stress de l'activité, aux passions, aux influences des sens et des objets de l'esprit, ou s'attachent à une fausse croyance. Les actes qu'ils accomplissent dans les corps sont *le Karman* , le mérite et le péché. Ceci les pousse - lorsqu'un corps est décédé, selon les conditions de son existence - dans un autre, dont la qualité dépend du caractère du *Karman* , et sera déterminée surtout par les dernières pensées qui en jailliront avant la mort. La vertu conduit aux cieux des dieux ou à la naissance parmi les hommes dans des races pures et nobles. Le péché confine les âmes dans les régions inférieures, dans les corps des animaux, dans les plantes, et même dans des masses de matière sans vie. Car, selon la doctrine Jaina, les âmes existent non seulement dans des structures organiques, mais aussi dans des masses apparemment mortes, dans des pierres, dans des mottes de terre, dans des gouttes d'eau, dans le feu et dans le vent. Par l'union avec les corps, la nature de l'âme est affectée. Dans la masse de la matière, la lumière de son intelligence est complètement cachée ; il perd connaissance, est immobile et grand ou petit, selon les dimensions de sa demeure. Dans les structures organiques, il est toujours conscient ; cela dépend cependant de sa nature, s'il est mobile ou immobile et s'il possède cinq, quatre, trois, deux ou un organe des sens.

La servitude des âmes, si elles habitent un corps humain, peut être abolie par la suppression des causes qui conduisent à leur captivité et par la destruction du *Karman* . La suppression des causes s'obtient en surmontant l'inclination à l'action et les passions, par le contrôle des sens et en s'en tenant fermement à la foi juste. De cette façon, l'ajout de nouveaux *Karman* , de nouveaux mérites ou de nouvelles culpabilités sera empêché . La destruction du *Karman* restant des existences antérieures peut être provoquée soit spontanément par l'épuisement des réserves, soit par l'ascétisme. Dans ce dernier cas, l'état final est l'atteinte d'une connaissance qui pénètre l'univers, jusqu'au *Kevala, Jñâna* et *Nirvân a* ou *Moksha* : pleine délivrance de tous liens. Ces objectifs peuvent être atteints même lorsque l'âme est encore dans son corps. Cependant, si le corps est détruit, alors l'âme erre dans le « Non-Monde » *(alôka)* comme disent les Jaïns, c'est-à-dire dans le ciel de Jina « le délivré », situé en dehors du monde. [10] Là, il perdure éternellement dans sa pure nature intellectuelle. Sa condition est celle d'un repos parfait que rien ne trouble. Ces idées fondamentales sont mises en œuvre dans les détails avec une subtilité et une fantaisie sans exemple, même dans l'Inde subtile et fantastique, dans un style savant, et défendues par le *syâdvâda* - la doctrine du "Il se peut qu'il en soit ainsi" - un mode de raisonnement qui permet d'affirmer et de nier l'existence d'une seule et même chose. Si on le compare aux autres systèmes indiens, il est plus proche du Brâhman *que* du Bouddhiste, avec lequel il n'a en commun l'acceptation que de quatre éléments, et non de cinq. Le jaïnisme touche toutes les religions brahmanes *et* le bouddhisme dans sa cosmologie et ses idées de périodes, et il s'accorde entièrement en ce qui concerne les doctrines du *Karman* , de l'esclavage et de la délivrance des âmes. L'athéisme, la vision selon laquelle le monde n'a pas été créé, est commun au bouddhisme et à la philosophie Sâm [postvocalique] khya. Sa psychologie se rapproche de celle de ce dernier dans la mesure où tous deux croient à l'existence d'innombrables âmes indépendantes. Mais la doctrine de l' activité des âmes et de leur répartition en masses de matière est conforme au Vedânta, selon lequel le principe de l'âme pénètre tout ce qui existe. Dans le développement ultérieur de la doctrine de l'âme, les conceptions d'« âme individuelle » et d'« être vivant » auxquelles le Jaina et le Brâhman *donnent* le même nom, *jîva* , semblent se confondre. L'idée jaïna de l'espace et du temps en tant que substances réelles se retrouve également dans le système Vaiśeshika. En plaçant *le Dharma* et *l'Adharma* parmi les substances, le Jaïnisme est le seul.

Le troisième joyau, la Marche droite que contient l'éthique Jaina, trouve son noyau dans les cinq grands serments que l'ascète Jaina prête à son entrée dans l'ordre. Il promet, tout comme le Brâhman *pénitent* , et presque dans les mêmes mots, de ne pas blesser, de ne pas dire de mensonges, de ne rien s'approprier sans permission, de préserver la chasteté et de pratiquer le sacrifice de soi. Le contenu de ces règles simples est extraordinairement étendu de la part des Jainas par l'insertion de cinq clauses, dans chacune desquelles se trouvent trois instruments actifs distincts du péché, en relation particulière avec les pensées, les paroles et les actes. Ainsi, concernant le serment de ne pas blesser, sur lequel les Jaina mettent le plus l'accent : il inclut non seulement le fait de tuer ou de blesser intentionnellement des êtres vivants, des plantes ou des âmes existant dans la matière morte, il exige également la plus grande prudence dans l'ensemble. manière de vivre, dans tous les mouvements, une vigilance sur toutes les fonctions du corps par lesquelles tout ce qui vit pourrait être blessé. [11] Cela exige enfin une surveillance stricte du cœur et de la langue, et l'évitement de toutes pensées et paroles qui pourraient conduire à des disputes et à des querelles et ainsi à du mal. De la même manière, la règle du sacrifice signifie non seulement que l'ascète n'a ni maison ni biens, mais elle enseigne aussi qu'une insouciance totale envers les impressions agréables et désagréables est nécessaire, ainsi que le sacrifice de tout attachement à tout ce qui est vivant ou mort. [12]

Outre l'observance consciencieuse de ces règles, les Tapas – l'Ascèse – sont très importantes pour la bonne marche de ceux qui s'efforcent d'atteindre le *Nirvân a* . L'ascèse est intérieure aussi bien qu'extérieure. Le premier concerne l'autodiscipline, le nettoyage et la purification de l'esprit. Cela comprend la repentance du péché, la confession de celui-ci au maître et la pénitence faite pour lui, l'humilité devant les maîtres et tous les vertueux, et le service de celui-ci, l'étude et l'enseignement de la foi ou de l'écriture sainte, de pieuses méditations sur le la misère du monde, l'impureté du corps, etc. et enfin le dépouillement de tout ce qui appartient au monde. D'autre part, sous le terme d'ascétisme extérieur, les Jaina comprennent la tempérance, la mendicité, l'abandon de toute nourriture savoureuse, différentes sortes d'auto-mortification comme s'asseoir dans des positions contre nature et fatigantes, entraver l'action des organes, notamment par le jeûne. , qui, dans certaines circonstances, peut continuer jusqu'à la famine. La mort volontaire par retrait de nourriture est, selon la stricte doctrine des Digambara, nécessaire à tous les ascètes ayant atteint le plus haut degré de connaissance. Le Kevalin, dit-on, ne mange plus. Les Śvetâmbara les plus doux n'exigent pas cela absolument, mais le considèrent comme une entrée sûre au *Nirvân a* . Mais pour que cette mort porte ses fruits, l'ascète doit s'en tenir scrupuleusement aux indications qui lui sont données, sinon il ne fait qu'allonger le nombre des renaissances. [13]

De ces règles générales découlent de nombreuses règles particulières, concernant la vie du disciple de Jina. Le devoir de sacrifice l'oblige, dès son entrée dans l'ordre, à abandonner ses biens et à errer sans abri dans des terres étrangères, le vase d'aumône à la main, et, si aucun autre devoir ne l'interfère, à ne jamais rester plus d'une nuit au même endroit. . La règle de ne rien blesser signifie qu'il doit emporter avec lui trois objets, un torchon pour son eau de boisson, un balai et un voile devant sa bouche, afin d'éviter de tuer les insectes. Il lui ordonne également d'éviter tout nettoyage et lavage, et de se reposer pendant les quatre mois de la saison des pluies, au cours desquels la vie animale et végétale se manifeste le plus abondamment. Afin de pratiquer l'ascèse, il est de règle de faire de ce temps de repos une période de jeûnes les plus stricts, d'étude la plus diligente des écrits sacrés et de méditation la plus profonde. Ce devoir oblige aussi l'ascète à s'arracher de la manière la plus douloureuse ses cheveux que, selon la coutume orientale, il doit faire disparaître lors de sa consécration, coutume particulière des Jainas, qu'on ne retrouve pas chez les autres pénitents de l'Inde.

Comme les cinq grands vœux, la plupart des directives spéciales pour la discipline de l'ascète jaïn sont des copies, et souvent des copies exagérées, des règles brahmaniques pour les pénitents. Les marques extérieures de l'ordre ressemblent beaucoup à celles des Sannyâsin. La vie d'errance pendant huit mois et le reste pendant la saison des pluies concordent exactement ; et sur bien d'autres points, par exemple dans l'usage de la confession, ils sont d'accord avec les bouddhistes. Ils *sont les seuls* à s'accorder avec les Brâhmanes sur l'auto-torture ascétique, que le bouddhisme rejette ; et ce qui est particulièrement caractéristique est le fait que l'ancien brahmanisme recommande la famine à ses pénitents comme étant bénéfique. [14]

La doctrine de la bonne voie pour les laïcs Jaina diffère de celle des ascètes. A la place des cinq grands vœux apparaissent de simples échos. Il fait vœu d'éviter uniquement les blessures graves aux êtres vivants, c'est-à-dire aux hommes et aux animaux ; seulement les formes les plus grossières du mensonge – les mensonges directs ; seulement les formes de spoliation les plus flagrantes, ce qui n'est pas donné, c'est-à-dire le vol et le vol. Au lieu du serment de chasteté, il y a celui de la fidélité conjugale. Au lieu de celle du renoncement, la promesse n'est pas d'accumuler des biens avec avidité et d'être content. A ces copies s'ajoutent sept autres vœux dont les contenus divers correspondent aux orientations particulières pour la discipline des ascètes. Leur objectif est, en partie, de mettre la vie extérieure des laïcs en conformité avec l'enseignement Jaina, notamment en ce qui concerne la protection des créatures vivantes contre le mal, et en partie, d'orienter le cœur vers le but le plus élevé. Certains contiennent des interdictions contre certaines boissons, comme les spiritueux ; ou encore les viandes, comme la chair, le beurre frais, le miel, dont on ne peut profiter sans rompre le vœu de préservation de la vie animale. D'autres limitent le choix des entreprises auxquelles les laïcs peuvent accéder ; par exemple, l'agriculture est interdite, car elle implique la destruction de la terre et la mort de nombreux animaux, comme le soutient également le brahmanisme. D'autres ont à voir avec la miséricorde et la charité, avec la préservation de la paix intérieure, ou avec la nécessité de ne pas trop s'accrocher à la vie et à ses joies ni de désirer la mort comme la fin de la souffrance. Cependant, pour les laïcs, la famine volontaire est également recommandée comme méritoire. Ces instructions (comme on pouvait s'y attendre vu la ressemblance des circonstances) ressemblent sur de nombreux points aux instructions bouddhistes destinées aux laïcs et sont même souvent identiques en ce qui concerne le langage utilisé. Beaucoup de choses sont cependant particulièrement conformes aux doctrines brahmaniques. [15] Dans la vie pratique, le jaïnisme fait de ses laïcs des hommes sérieux qui présentent un trait de résignation plus fort que les autres Indiens et excellent dans une volonté exceptionnelle de sacrifier tout pour leur religion. Cela en fait également des fanatiques de la protection de la vie animale. Partout où ils acquièrent de l'influence, c'est la fin des sacrifices sanglants et de l'abattage et de la mise à mort des plus gros animaux.

L'union des laïcs avec l'ordre des ascètes a naturellement exercé une puissante réaction sur le premier et son développement, ainsi que sur son enseignement, et est suivie de résultats similaires dans le jaïnisme et le bouddhisme. Ensuite, en ce qui concerne les changements dans l'enseignement, c'est sans doute à l'influence des laïcs que le système athée jaïna, ainsi que le système bouddhiste, a été doté d'un culte. L'ascète, dans sa quête du *Nirvâna*, s'efforce de supprimer le désir naturel de l'homme d'adorer des puissances supérieures. Chez l'auditeur mondain, qui ne recherche pas exclusivement ce but, cela ne pourrait pas réussir. La doctrine n'apportant aucun autre support, le sentiment religieux des laïcs s'accrocha à son fondateur : Jina, et avec lui ses prédécesseurs mythiques, devinrent des dieux. Des monuments et des temples ornés de leurs statues furent construits, surtout aux endroits où les prophètes, selon les légendes, avaient atteint leur but. A cela s'ajoute une sorte de culte, consistant en offrandes de fleurs et d'encens à Jina, d'adoration par des chants de louange en célébration de leur entrée au Nirvân a , dont les Jaina font une grande fête par des processions solennelles et des pèlerinages aux lieux. où il a été atteint. [16] Cette influence des laïcs est devenue, au fil du temps, d'une grande importance pour l'art indien, et l'Inde lui doit nombre de ses plus beaux monuments architecturaux, comme les splendides temples d'Âbu, Girnâr et Śatruñjaya. au Gujarât. Cela a également provoqué un changement dans l'esprit des ascètes. Dans plusieurs de leurs hymnes en l'honneur de Jina, ils font appel à lui avec autant de ferveur que le Brâhmane *à* ses dieux ; et on y trouve souvent des expressions, contraires à l'enseignement original, attribuant à Jina un pouvoir créateur. En fait, une description jaïna des six principaux systèmes va jusqu'à classer le jaïnisme - comme le bouddhisme - parmi les religions théistes. [17]

Mais à d'autres égards également, l'admission des laïcs a produit des changements décisifs dans la vie du clergé. Dans l'éducation des communautés mondaines, l'ascète, dont les règles d'indifférence envers tout et chaque chose font de lui un être entièrement concentré sur lui-même et sur son but, est de nouveau uni à l'humanité et à ses intérêts. Le devoir d'éduquer le laïc et de veiller sur sa vie doit nécessairement transformer les pénitents errants en moines sédentaires, qui se consacrent au soin des âmes, à l'activité missionnaire et à l'acquisition de la connaissance, et qui ne remplissent que de temps en temps le devoir. obligation de changer de lieu de résidence. Les besoins des communautés laïques exigeaient la présence continue des enseignants. Même si ceux-ci désiraient changer de temps en temps, il était néanmoins nécessaire de leur fournir un abri. C'est ainsi que furent créés les Upâsraya ou lieux de refuge, les monastères Jaina, qui correspondent exactement au Sanghârâma bouddhiste. Avec les monastères et la résidence fixe dans ceux-ci apparaissait une appartenance fixe à l'ordre qui, en raison du principe Jaina d'obéissance inconditionnelle envers l'enseignant, s'est avérée beaucoup plus stricte que dans le bouddhisme. Au développement de l'ordre et des loisirs de la vie monastique, suivit ensuite le début d'une activité littéraire et scientifique. La tentative la plus ancienne, à cet égard, s'est limitée à donner à leur doctrine des formes fixes. Leurs résultats furent, outre d'autres œuvres perdues, ce qu'on appelle *Am[postvocalic] ga* , - les membres du corps de la loi, qui fut peut-être produit à l'origine au troisième siècle avant JC. Parmi les *Am[postvocalic] ga,* onze ne sont pas doute conservé chez les Śvetâmbaras d'une édition tardive du cinquième ou sixième siècle après JC. Ces ouvrages ne sont pas écrits en sanskrit, mais dans un dialecte populaire Prâkrit : car les Jina, comme Bouddha, utilisaient la langue du peuple pour enseigner. Ils contiennent en partie des légendes sur le prophète et son activité d'enseignant, en partie des fragments d'une doctrine ou des tentatives de représentations systématiques de celle-ci. Bien que le dialecte soit différent, ils présentent, dans la forme des contes et dans la manière de s'exprimer, une ressemblance merveilleuse avec les écrits sacrés des bouddhistes. [18] Les Digambaras, en revanche, n'ont conservé de l' *Am[postvocalic] ga* que les noms. Ils mettent à leur place des ouvrages systématiques ultérieurs, également en Prâkrit, et affirment, pour justifier leur enseignement différent, que le canon de leurs rivaux est corrompu. Au cours de l'histoire ultérieure, cependant, les deux branches des Jaïns ont, comme les Bouddhistes, dans leurs luttes continuelles contre les Brâhmanes , jugé nécessaire de se familiariser avec l'ancienne langue de la culture de ces derniers. D'abord les Digambara, puis les Śvetâmbara commencèrent à utiliser le sanskrit. Ils ne se contentèrent pas d'expliquer leur propre enseignement dans des ouvrages sanskrits : ils se tournèrent également vers les sciences profanes des *Brâhmanes* . Ils ont accompli tant de choses importantes, en grammaire, en astronomie, ainsi que dans certaines branches des lettres, qu'ils ont gagné le respect même de leurs ennemis, et certains de leurs travaux sont encore importants pour la science européenne. Dans le sud de l'Inde, où ils travaillèrent parmi les tribus dravidiennes , ils firent également progresser le développement de ces langues. La langue littéraire kanarais ainsi que le tamoul et le telugu reposent sur les fondations posées par les moines Jaina. Cette activité les a en effet éloignés de leur véritable objectif, mais elle leur a conféré une place importante dans l'histoire de la littérature et de la culture.

La ressemblance entre les Jaïns et les Bouddhistes, que j'ai eu si souvent l'occasion de mettre en avant, soulève la question de savoir s'ils doivent être considérés comme une branche de ces derniers, ou s'ils ressemblent aux Bouddhistes simplement parce que, comme l'affirme leur tradition. , [19] ils sont issus de la même époque et du même mouvement religieux d'opposition au brahmanisme. Cette question a reçu autrefois, et est encore parfois, une réponse en accord avec la première théorie, en soulignant ses défauts incontestables, pour justifier le rejet de la tradition Jaina, et même en la déclarant comme une fabrication tardive et intentionnelle. Malgré cela, la deuxième explication est la bonne, car les bouddhistes eux-mêmes confirment les déclarations des Jaïnas au sujet de leur prophète. Les anciennes traditions historiques et les inscriptions prouvent l'existence indépendante de la secte des Jainas même pendant les cinq premiers siècles après la mort de Bouddha, et parmi les inscriptions, certaines clarifient la tradition Jaina non seulement de tout soupçon de fraude, mais témoignent également de son honnêteté. . [20]

Les livres canoniques les plus anciens des Jaina, outre quelques ajouts mythologiques et exagérations évidentes, contiennent les notes importantes suivantes sur la vie de leur dernier prophète. [21] Vardhamâna était le fils cadet de Siddhârtha un noble qui appartenait à la race Kshatriya, appelée en sanskrit Jñâti ou Jñâta, en Prakrit Nâya, et, selon l'ancienne coutume de la caste des guerriers indiens, portait le nom d'une famille brahmanique. le Kâśyapa. Sa mère, qui s'appelait Triśalâ, appartenait à la famille des gouverneurs de Videha. La résidence de Siddhârtha était Ku *nd* apura, le Basukund d'aujourd'hui, une banlieue de la riche ville de Vaiśâlî, l'actuelle Besarh, à Videha ou Tirhut. [22] Siddhârtha était le gendre du roi de Vaiśâlî. Pendant trente ans, semble-t-il, Vardhamâna mena une vie mondaine dans la maison de ses parents. Il se maria et sa femme Yasodâ lui donna une fille Anojjâ, qui était mariée à un noble du nom de Jamâli, et qui à son tour eut une fille. Ses parents moururent au cours de sa trente et unième année. Comme ils étaient disciples de Pârśva, le vingt-troisième Jina, ils choisirent, selon la coutume des Jainas, la mort des sages par la faim. Immédiatement après, Vardhamâna décida de renoncer au monde. Il obtint la permission de franchir cette étape de son frère aîné Nandivardhana, et le dirigeant de son pays partagea ses possessions et devint un ascète sans abri. Il erra plus de douze ans, ne se reposant que pendant la saison des pluies, dans les terres du Lâ *d* ha, du Vajjabhûmi et du Subbhabhûmi, le Rârh d'aujourd'hui au Bengale, et apprit à supporter avec sérénité de grandes épreuves et de cruels mauvais traitements à entre les mains des habitants de ces quartiers. En outre, il s'imposait les mortifications les plus sévères ; après la première année, il abandonna ses vêtements et se consacra à la méditation la plus profonde. Dans la treizième année de cette vie errante, il croyait avoir atteint la plus haute connaissance et la dignité de saint. Il apparut alors comme prophète, enseigna la doctrine Nirgrantha, une modification de la religion de Pârśva, et organisa l'ordre des ascètes Nirgrantha. Il porta dès lors le nom du vénérable ascète Mahâvîra. Sa carrière d'enseignant dura à peine trente ans, durant lesquels il parcoura, comme autrefois, tout le pays, sauf pendant les saisons des pluies. Il gagna de nombreux adeptes, tant du clergé que de la classe laïque, parmi lesquels cependant, au cours de la quatorzième année de sa période d'enseignement, une scission survint, provoquée par son gendre Jamâli.

L'étendue de sa sphère d'influence correspond presque à celle des royaumes de Srâvastî ou Kosala, Vidcha, Magadha et Am[postvocalic] ga, l'Oudh moderne, et des provinces de Tirhut et de Bihâr au Bengale occidental. Très fréquemment, il passait la saison des pluies dans sa ville natale de Vaiśâlî et à Râjagr iha. Parmi ses contemporains se trouvaient un professeur rival, Gosâla, fils de Mam [postvocalique] khali - qu'il battit dans une dispute, le roi de Videha - Bhambhasâra ou Bibbhisâra appelé Sre n ika, et ses fils Abhayakumâra et le parricide Ajátaśatru ou *Kû . n* ika, qui l'a protégé ou a accepté sa doctrine, ainsi que les nobles des races Lichchhavi et Mallaki. La ville de Pâpâ ou Pâvâ, l'actuelle Padraona [23] est donnée comme lieu de sa mort, où il demeura pendant la saison des pluies de la dernière année de sa vie, dans la maison du scribe du roi Hastipâla. Immédiatement après sa mort, une seconde scission s'est produite dans sa communauté. [24]

A la considération de ces informations, il est immédiatement frappant que la scène de l'activité de Vardhamâna se situe dans la même région de l'Inde où le Bouddha a travaillé, et que plusieurs des personnalités qui jouent un rôle dans l'histoire du Bouddha apparaissent également dans le livre Jaina. légende. C'est à travers les royaumes de Kosala, Videha et Magadha que Bouddha aurait erré en prêchant, et leurs capitales Śrâvastî et Râjagr iha ne sont que les lieux nommés, où il fonda les plus grandes communautés. On raconte aussi des habitants de Vaiśâlî que beaucoup se tournèrent vers sa doctrine. De nombreuses légendes racontent ses relations et son amitié avec Bimbisâra ou Śre n ika, roi de Videha, ainsi que le meurtre de ce dernier par son fils Ajâtaśatru, qui, torturé de remords, s'approcha ensuite de Bouddha ; il est également fait mention de son frère Abhayakumâra, de même que Makkhali Gosâla est mentionné parmi les adversaires et rivaux du Bouddha. Il est donc clair que la plus ancienne légende jaïna fait de Vardhamâna un compatriote et contemporain de Bouddha, et on pourrait suggérer de rechercher dans les écrits des bouddhistes une confirmation de ces hypothèses. On en trouve en effet un grand nombre.

Même les œuvres les plus anciennes du Canon singalais, qui datent apparemment du début du deuxième siècle après la mort de Bouddha, ou du quatrième siècle avant JC, et qui ont en tout cas eu leur édition définitive au troisième, mentionnent fréquemment une version opposée. secte d'ascètes, les Nigan t ha, que les textes du nord, écrits en sanskrit, reconnaissent parmi les opposants au Bouddha, sous le nom de Nirgrantha, qu'un vieux *Sûtra* [25] décrit comme « des chefs de compagnies de disciples et d'étudiants, des professeurs de étudiants, connus, renommés, fondateurs d'écoles de doctrine, estimés comme de bons hommes par la multitude". Leur chef est également nommé ; il s'appelle en Pâli Nâtaputta, en sanskrit Jñâtiputra, c'est-à-dire le fils de Jñâti ou Nâta. La similitude entre ces mots et les noms de la famille Jñâti, Jñâta ou Naya, à laquelle appartenait Vardhamâna est évidente. Or, puisque dans la littérature bouddhiste plus ancienne, le titre « le fils de l'homme de la famille NN » est très souvent utilisé à la place du nom de l'individu, comme par exemple « le fils du Sâkiya » est mis pour Bouddha-Sâkiyaputta, de sorte que il est difficile de ne pas supposer que Nâtaputta ou Jñâtiputra, le chef de la secte Niga nt ha ou Nirgrantha, est la même personne que Vardhamâna, le descendant de la famille Jñâti et fondateur de la secte Nirgrantha ou Jaina. Si l'on poursuit cette idée, et rassemble les différentes remarques des bouddhistes à propos des adversaires du Bouddha, alors il apparaît que son identité avec Vardhamâna est certaine. Un certain nombre de règles de doctrine lui sont attribuées, que l'on retrouve également chez les Jaïnas, et certains événements de sa vie, que nous avons déjà retrouvés dans les récits de la vie de Vardhamâna, sont relatés.

nt ha Nâtaputta affirme que le *Kiriyâvâda*, la doctrine de l'activité, sépare son système de l'enseignement du Bouddha. Nous reconnaîtrons certainement dans cette doctrine la règle du *Kiriyâ*, l'activité des âmes, à laquelle le jaïnisme accorde une si grande importance. [26] Deux autres règles de la doctrine des âmes sont citées dans un ouvrage ultérieur, non canonique : il y est indiqué, dans un recueil de fausses doctrines enseignées par les rivaux du Bouddha, que Niga nt ha *affirme* que l'eau froide était vivante. Les petites gouttes d'eau contenaient de petites âmes, les grosses gouttes, de grandes âmes. C'est pourquoi il a interdit à ses disciples d'utiliser de l'eau froide. Il n'est pas difficile, dans ces curieuses règles, de reconnaître le dogme Jaina, qui affirme l'existence des âmes, même dans la masse des éléments sans vie que sont la terre, l'eau, le feu et le vent. Cela prouve aussi que les Niga *nt* ont admis la classification des âmes, si souvent ridiculisée par les Brâhmanes , qui distingue les grandes des petites. Cet ouvrage, comme d'autres, attribue à Niga *nt* ha l'affirmation selon laquelle les soi-disant trois *dan da* - les trois instruments par lesquels l'homme peut causer du tort aux créatures - la pensée, la parole et le corps, sont des causes actives distinctes de péché. . La doctrine Jaina s'accorde également dans ce cas, qui représente toujours spécialement les trois et prescrit pour chacun un contrôle spécial. [27]

Outre ces règles, qui s'accordent parfaitement entre elles, il faut encore se référer à deux doctrines du Niga *nt* ha qui semblent contredire, ou contredisent réellement, les Jainas ; à savoir, il est dit que Nâtaputta exigeait de ses disciples la prise de quatre, et non comme dans le cas de Vardhamâna, de cinq grands vœux. Si cette difficulté peut paraître très importante à première vue, elle est cependant écartée par une affirmation souvent répétée dans les œuvres jaïnas. Ils répètent à plusieurs reprises que Pàrśva, le vingt-troisième Jina, n'a reconnu que quatre vœux et que Vardhamâna a ajouté le cinquième. Les bouddhistes ont donc transmis un dogme reconnu par le jaïnisme. La question est simplement de savoir si c'est eux ou les Jainas qui sont les plus dignes de confiance. Si c'est ce dernier cas, et il est admis que Vardhamâna était simplement le réformateur d'une vieille religion, alors les bouddhistes doivent être taxés d'une confusion facilement possible entre les enseignants antérieurs et postérieurs. Si, d'un autre côté, les récits jaïnas de leur vingt-troisième prophète sont considérés comme mythiques, et que Vardhamâna est considéré comme le véritable fondateur de la secte, alors la doctrine des quatre vœux doit être attribuée à ce dernier. et il faut admettre comme un fait qu'il avait changé d'avis sur ce point. Quoi qu'il en soit, cependant, la déclaration bouddhiste parle pour, plutôt que contre, l'identité de Niga *nt* ha avec Jina. [28]

Le système de Vardhamâna, en revanche, est tout à fait inconciliable avec l'affirmation de Nâtaputta selon laquelle la vertu comme le péché, le bonheur comme le malheur sont inaltérablement fixés pour les hommes par le destin et que rien dans leur destinée ne peut être altéré par l'application de la loi sacrée. . Il est cependant tout aussi inconciliable avec les autres récits bouddhiques de l'enseignement de leur adversaire ; car il est absolument inimaginable que le même homme, qui fait à ses disciples des vœux dont le but est d'éviter le péché, puisse néanmoins faire dépendre la vertu et le péché uniquement de la disposition du destin, et prêcher l'inutilité d'appliquer la loi. . L'accusation selon laquelle Nâtaputta aurait embrassé le fatalisme doit donc être considérée comme une invention et le résultat de la haine sectaire ainsi que du désir de jeter le discrédit sur ses opposants. [29]

Les remarques bouddhistes sur la personnalité et la vie de Nâtaputta sont encore plus remarquables. Ils disent à plusieurs reprises qu'il revendiquait la dignité d'Arhat et l'omniscience que les Jainas revendiquent également pour leur prophète, qu'ils préfèrent simplement appeler « l'Arhat » et qui possède la connaissance universelle du « Kevala » . [30] Une histoire de conversions, nous apprend en outre que Nâtaputta et ses disciples dédaignaient de couvrir leur corps ; on nous dit la même chose de Vardhamâna. [31] Une histoire dans la partie la plus ancienne du canon singalais donne un exemple intéressant et important de son activité d'enseignement. Bouddha, selon la légende, est venu un jour dans la ville de Vaiśâlî, siège des Kshatriya de la race Lichchhavi. Son nom, sa loi, sa communauté étaient hautement loués par les nobles du Lichchhavi au Sénat. Sîha, leur général, qui était un disciple du Niga *nt* ha, devint impatient de connaître le grand maître. Il se rendit chez son maître Nâtaputta, qui se trouvait à ce moment-là à Vaiśâlî, et lui demanda la permission de lui rendre visite. Par deux fois, Nâtaputta le refusa. Alors Sîha décida de lui désobéir. Il chercha Bouddha, entendit son enseignement et fut converti par lui. Afin de montrer son attachement à son nouveau maître il invita Bouddha et ses disciples à manger avec lui. En acceptant l'invitation, Sîha ordonna à ses serviteurs de fournir de la chair en l'honneur de l'occasion. Ce fait est parvenu aux oreilles des adeptes du Niga *nt* ha. Heureux d'avoir trouvé une occasion de nuire à Bouddha, ils se précipitèrent en grand nombre à travers la ville, criant que Sîha avait fait tuer un grand bœuf pour le divertissement de Bouddha ; que Bouddha avait mangé de la chair de l'animal alors qu'il savait qu'elle avait été tuée à cause de lui, et qu'il était donc coupable de la mort de l'animal. L'accusation a été portée à la connaissance de Siha et a été déclarée par lui comme une calomnie. Bouddha, cependant, prêcha après le repas un sermon dans lequel il interdisait à ses disciples de manger la chair des animaux qui avaient été tués à cause de eux. La légende corrobore également le récit des ouvrages Jaina, selon lequel Vardhamâna résidait souvent à Vaiśâlî et avait de nombreux partisans dans cette ville. Cela est probablement lié à montrer que sa secte était plus stricte, en ce qui concerne la consommation de chair, que les bouddhistes, un point qui est encore une fois en accord avec les statuts des Jainas. [32]

Le récit de la mort de Nâtaputta est encore plus important. "C'est ainsi que je l'ai entendu", dit un vieux livre du canon singalais, le *Sâmagâma Sutta* , "autrefois le Vénérable vivait à Sâmagâma au pays des Sâkya. A cette époque cependant, le Niga *nt* ha Nâtaputta était certainement mort en Pâvâ. Après sa mort, les Niga *nt* ont erré désunis, séparés, se disputant, se battant, se blessant avec des mots. [33] Nous avons ici une confirmation complète de la déclaration du chanoine Jaina quant au lieu où Vardhamâna est entré dans *le Nirvân a* , ainsi que de la déclaration selon laquelle un schisme s'est produit immédiatement après sa mort.

L'harmonie entre les traditions bouddhiste et jaïna, quant à la personne du chef du Nirgrantha, est quant à elle imparfaite. Elle est troublée par la description de Nâtaputta comme membre de la secte brahmanique des Âgniveśyâyana, alors que Vardhamâna appartenait au Kâśyapa. Le point est cependant si insignifiant qu'une erreur de la part des bouddhistes est facilement possible. [34] Il va de soi qu'il ne faut pas s'attendre à une exactitude parfaite de la part des bouddhistes ou de toute autre secte dans la description de la personne d'un ennemi détesté. L'inimitié et le mépris, toujours présents, l'interdisent. Tout au plus peut-on s'attendre à ce que la majorité et le plus important des faits donnés concordent.

Cette condition est sans aucun doute remplie dans le cas présent. On ne peut donc nier que, malgré cette différence, malgré aussi l'absurdité d'un article du credo qui lui est attribué, Vardhamâna Jñâtiputra, le fondateur de la communauté Nirgrantha - ou Jaina, n'est autre que le rival du Bouddha. . D'après les récits bouddhistes dans leurs ouvrages canoniques ainsi que dans d'autres livres, il ressort que ce rival était dangereux et influent, et que même à l'époque de Bouddha, son enseignement s'était considérablement répandu. Leurs légendes sur les conversions d'autres sectes font très souvent mention de sectaires Nirgrantha, que l'enseignement du Bouddha ou celui de ses disciples avaient éloignés de leur foi. Ils disent aussi dans leurs descriptions d'autres rivaux du Bouddha, que ceux-ci, pour gagner de l'estime, copièrent le Nirgrantha et se déshabillèrent, ou qu'ils étaient considérés par les gens comme des saints de Nirgrantha, parce qu'ils avaient perdu leurs vêtements. . De telles expressions seraient inexplicables si la communauté de Vardhamâna n'était pas devenue d'une grande importance. [35]

Cela concorde avec plusieurs remarques des chroniques bouddhiques, qui affirment l'existence des Jaïnas dans différentes régions de l'Inde au cours du premier siècle après la mort de Bouddha. Dans les mémoires du bouddhiste et pèlerin chinois Hiuen Tsiang, qui visita l'Inde au début du VIIe siècle de notre ère, on trouve un extrait des anciennes annales du Magadha, qui prouve l'existence des Nirgrantha ou Jainas dans leur maison originale datant d'une époque très ancienne. [36] Cet extrait concerne la construction du grand monastère de Nâlandâ, l'école supérieure du bouddhisme de l'Inde orientale, qui fut fondée peu après le Nirvân *a de Bouddha* , et mentionne incidemment qu'un Nirgrantha qui était un grand astrologue et prophète avait prophétisé le succès futur du nouveau bâtiment. A une époque presque aussi ancienne, le *Mahâvan[g]sa* , composé au Ve siècle après JC, fixe l'apparition du Nirgrantha dans l'île de Ceylan. On raconte que le roi Pa *nd* ukâbhaya, qui régna au début du deuxième siècle après Bouddha, construisit de 367 à 307 avant JC un temple et un monastère pour deux Nirgranthas. Le monastère est à nouveau mentionné dans le même ouvrage dans le récit du règne d'un roi ultérieur Va *tt* âgâmini, cir. 38-10 avant JC On raconte que Va *tt* âgâmini, offensé par les habitants, fit détruire l'édifice après qu'il ait existé sous les règnes de vingt et un rois, et érigea à sa place un ghârâma bouddhiste Sam[postvocalique]. Cette dernière information se retrouve également dans le *Dîpavan[g]sa* de plus d'un siècle plus tôt. [37]

Aucun de ces ouvrages ne peut en effet être considéré comme une source véritablement historique. Il y a, même dans les paragraphes qui traitent de l'histoire la plus ancienne après la mort de Bouddha, des preuves suffisantes qu'ils transmettent simplement une tradition historique erronée. Malgré cela, on ne peut nier à leurs déclarations sur le Nirgrantha un certain poids, car elles sont étroitement liées, d'une part, au canon bouddhiste, et d'autre part, elles s'accordent avec les sources indiscutables de l'histoire, qui se rapportent à un sujet légèrement différent. période ultérieure.

Les premières informations authentiques sur la secte de Vardhamâna sont données par nos plus anciennes inscriptions, les édits religieux du roi Maurya Aśoka, qui, selon la tradition, fut oint en l'an 219 après la mort de Bouddha, et - comme référence à ses contemporains grecs, Antiochos , Magas, Alexandre, Ptolémée et Antigonas le confirment, régnèrent pendant la seconde moitié du troisième siècle avant J.-C. sur toute l'Inde, à l'exception du Dekhan. Ce prince s'intéressa non seulement au bouddhisme, qu'il professa dans ses dernières années, mais il prit soin, de manière paternelle, comme il le raconte à plusieurs reprises, de toutes les autres sectes religieuses de son vaste royaume. Dans la quatorzième année de son règne, il nomma des fonctionnaires, appelés surintendants des lois, chargés de veiller à la vie des différentes communautés, de régler leurs querelles, de contrôler la répartition de leurs legs et dons pieux. Il dit d'eux dans la deuxième partie de l'édit du septième « pilier », qu'il publia la vingt-neuvième année de son règne : « Mes surintendants s'occupent de diverses affaires caritatives, ils s'occupent également de toutes les sectes d'ascètes et de chefs de famille. ; J'ai fait en sorte qu'ils soient également occupés des affaires du *Sam[postvocalique] gha* ; de même, j'ai fait en sorte qu'ils soient occupés des Âjîvika Brâhmans ; J'ai fait en sorte qu'ils soient également occupés des Niga *nt* ha". [38] Le mot *Sam[postvocalique] gha* sert ici comme d'habitude pour les moines bouddhistes. Les Âjívikas, dont le nom disparaît complètement plus tard, sont souvent cités dans les écrits sacrés des bouddhistes et des jaïnas comme une secte influente. Ils bénéficièrent de la faveur particulière d'Aśoka qui, comme en témoignent d'autres inscriptions, fit transformer plusieurs grottes de Barâbar en habitations pour leurs ascètes. [39] Comme dans les écrits encore plus anciens du canon bouddhiste, le nom Niga *nt* ha ne peut ici désigner que les adeptes de Vardhamâna. Comme ils sont ici, avec les deux autres favoris, considérés comme dignes d'une mention spéciale, nous pouvons certainement conclure qu'ils avaient une importance non négligeable à l'époque. S'ils avaient été sans influence et en petit nombre, Aśoka les aurait à peine connus, ou du moins ne les aurait pas distingués des nombreuses autres sectes anonymes dont il parle souvent. On peut également supposer qu'ils étaient particulièrement nombreux dans leur ancienne demeure, car la capitale d'Aśoka, Pâ *t* aliputra, se trouvait sur cette terre. Il est impossible de savoir avec certitude s'ils s'étendent au-delà de ces frontières.

En revanche, nous possédons deux documents du milieu du siècle suivant qui prouvent qu'ils avancèrent vers le sud-est de l'Inde jusqu'à Kalim [postvocalique] ga. Il s'agit des inscriptions à Kha *nd* agiri en Orissa, du grand roi Khâravela et de sa première épouse, qui gouvernèrent la côte est de l'Inde de l'an 152 à 165 de l'ère Maurya, soit dans la première moitié du IIe siècle avant JC.

La plus grande inscription, malheureusement très défigurée, contient le récit de la vie de Khâravela depuis son enfance jusqu'à la treizième année de son règne. Il commence par un appel à l'Arhat et aux Siddha, ce qui correspond au début de la quintuple forme d'hommage encore utilisée chez les Jainas, et mentionne la construction de temples en l'honneur de l'Arhat ainsi qu'une image du premier Jina. , qui a été enlevé par un roi hostile. La deuxième inscription, plus petite, affirme que l'épouse de Khâravela fit préparer une grotte pour les ascètes de Kalinga, « qui croyaient à l'Arhat ». [40]

D'une période un peu plus tardive, comme le montrent les personnages, du premier siècle avant JC, provient une inscription dédicatoire qui a été trouvée loin à l'ouest de la demeure originelle des Jainas, à Mathurà sur le Jamnâ. Il raconte l'érection d'un petit temple en l'honneur de l'Arhat Vardhamâna, ainsi que la dédicace de sièges pour les professeurs, d'une citerne et d'une table en pierre. Le petit temple, dit-on, se trouvait à côté du temple de la guilde des commerçants, et cette remarque prouve que Mathurà, qui, selon la tradition des Jainas, était l'un des principaux scats de leur religion, possédait une communauté de Jainas. avant même l'époque de cette inscription. [41]

Un grand nombre d'inscriptions dédicatoires ont été mises au jour, datées de l'an 5 à 98 de l'ère des rois indo-skythes Kanishka, Huvishka et Vâsudeva (Bazodeo) et appartiennent donc au plus tard à la fin du premier siècle. et jusqu'au deuxième siècle après J.-C. Ils se trouvent tous sur des socles de statues, reconnaissables en partie par la mention spéciale des noms de Vardhamâna et de l'Arhat Mahâvíra, en partie par leur nudité absolue et d'autres marques. Ils montrent que la communauté Jaina a continué à prospérer à Mathurâ et donnent par ailleurs des informations extraordinairement importantes, comme je l'ai constaté dans une recherche renouvelée sur l'histoire ancienne de la secte. Dans un certain nombre d'entre eux, les dédicataires des statues donnent non seulement leurs propres noms, mais aussi ceux des maîtres religieux auxquels elles appartenaient. De plus, ils donnent à ces enseignants leurs titres officiels, encore en usage chez les Jaïnas : *vâchaka* , « enseignant », et *gan in* , « chef d'école ». Ils précisent enfin les noms des écoles auxquelles appartenaient les maîtres, ainsi que ceux de leurs subdivisions. Les écoles sont appelées, *par exemple* , « entreprises » ; les subdivisions, *kula* , « familles » et *śâkhà* , « branches ». Exactement la même division en *gan a, śâkhà* et *kula* se retrouve dans une liste d'un des ouvrages canoniques, des Śvetâmbaras, le *Kalpasûtra* , qui donne le nombre des patriarches et des écoles fondées par eux, et c'est de de la plus haute importance, que, malgré la mutilation et la reproduction défectueuse des inscriptions, neuf des noms qui apparaissent dans le *Kalpasûtra* y soient reconnaissables, dont une partie concorde exactement, une partie, par la faute du tailleur de pierre ou par erreur. lecture par le copiste, sont quelque peu dégradés. Selon le *Kalpasûtra* , Sushita, le neuvième successeur de Vardhamâna en position de patriarche, fonda avec son compagnon Supratibuddha le « Ko *d* iya » ou « Kautika *gan a* » , qui se divisa en quatre « *śâkhà* » et quatre « *kula* » . . Inscription n° 4. qui est datée de l'an 9 du roi Kanishka ou 87. AD (?) nous donne une forme assez ancienne du nom du *gan a Kot iya* et celui d'une de ses branches correspondant exactement au *Vairi śâkhâ* . Mutilé ou mal écrit, le premier mot apparaît également dans les inscriptions n° 2, 6 et 9 sous les noms de *koto-, ket t iya* et *ka* ..., le second dans le n° 6 sous le nom de *Vorâ* . Une des familles de ce *gan a* , les *Vân iya kula* est mentionnée au n° 6, et peut-être au n° 4. Le nom d'un second, les *Praśnavàhan aka* , semble être apparu au n° 19. La dernière inscription mentionne aussi une autre branche du Kot iya gan a, le *Majhimâ sâkhâ* , qui, selon le *Kalpasûtra,* fut fondée par Priyagantha le deuxième disciple de Susthita. Deux écoles encore plus anciennes qui, selon la tradition, seraient issues du quatrième disciple du huitième patriarche, ainsi que certaines de leurs divisions apparaissent dans les inscriptions nos 20 et 10. Ce sont l' *Aryya-Udehikîya gan a* , appelée l'école de l'Ârya. -Roha *n* a dans le *Kalpasûtra* , auquel appartenaient le *Parihâsaka kula* et le *Pûrnapâtrikâ śâkhâ,* ainsi que le *Charân a gan a* avec le *Prîtidharmika kula.* Chacun de ces noms est cependant quelque peu mutilé par un ou plusieurs errata écrits. [42] Les déclarations contenues dans les inscriptions concernant les enseignants et leurs écoles sont en elles-mêmes non négligeables pour l'histoire des Jainas. Si, à la fin du premier siècle après JC (?) de nombreuses écoles distinctes d'ascètes Jaina existaient, on peut en déduire une grande ancienneté et une activité vive, ainsi qu'un grand soin à l'égard des traditions de la secte. L'accord des inscriptions avec le *Kalpasûtra* va cependant encore plus loin : il prouve d'une part que les Jainas de Mathurâ étaient des Śvetâmbara, et que le schisme, qui divisa la secte en deux branches rivales, s'est produit bien avant le début de notre ère. D'un autre côté, cela prouve que la tradition du Svetâmbara contient réellement des éléments historiques anciens et ne mérite en aucun cas d'être considérée avec méfiance. Il est fort probable que, comme toutes les traditions, elle n'est pas tout à fait exempte d'erreurs. Mais on ne peut plus affirmer qu'il s'agit du résultat d'une fausse déclaration intentionnelle ultérieure, faite dans le but de dissimuler la dépendance du jaïnisme à l'égard du bouddhisme. Il n'est plus possible de contester son authenticité sur les points qui sont confirmés par des déclarations indépendantes d'autres sectes, et d'affirmer, par exemple, que le récit jaïna de la vie de Vardhamâna, qui s'accorde avec les déclarations des bouddhistes, ne prouve rien en ce qui concerne l'âge du jaïnisme car dans la fixation tardive du canon des Śvetâmbaras au VIe siècle après Jésus-Christ, il peut avoir été tiré d'œuvres bouddhistes. Une telle affirmation, en toutes circonstances audacieuse, devient tout à fait intenable lorsqu'on constate que la tradition en question énonce correctement des faits qui ne se situent pas tout à fait à trois siècles de l'époque de Vardhamâna, et que la secte, bien avant le premier siècle, de notre époque tenaient strictement compte de leurs affaires intérieures. [43]

Malheureusement, le témoignage de l'histoire ancienne des Jainas, tel qu'il a été rendu public au moyen d'inscriptions, s'arrête ici. Aussi intéressant serait-il de suivre les traces de leurs communautés dans les inscriptions ultérieures, si nombreuses à partir du Ve siècle après J.-C. et dans la description de ses voyages par Hiuen Tsiang, qui les trouva répandues dans toute l'Inde et même au-delà. ses limites, ce serait en dehors de notre objectif. Les documents cités suffisent cependant à confirmer l'affirmation selon laquelle, au cours des cinq premiers siècles après la mort de Bouddha, tant les déclarations de la tradition bouddhiste que les sources historiques réelles témoignent de l'existence des Jainas en tant que communauté religieuse importante indépendante du bouddhisme et qu'il Il y a parmi les sources historiques certaines qui dissipent complètement le soupçon selon lequel la tradition des Jainas eux-mêmes est intentionnellement falsifiée.

L'avantage retiré pour l'histoire de l'Inde de la conclusion selon laquelle le jaïnisme et le bouddhisme sont deux sectes contemporaines, nées dans la même région, n'est pas minime. Premièrement, cette conclusion montre que le mouvement religieux des VIe et Ve siècles avant JC dans l'est de l'Inde a dû être profond. Si non seulement un, mais certainement deux réformateurs, et peut-être davantage, apparaissaient en même temps, prêchant des maîtres qui s'opposaient de la même manière aux circonstances existantes, et dont chacun gagnait un nombre non négligeable d'adeptes pour leurs doctrines, le désir de renverser l'ordre brahmanique des choses a dû être généralement et profondément ressenti. Cette conclusion montre donc que la transformation de la vie religieuse en Inde n'a pas été simplement l'œuvre d'une communauté religieuse. Beaucoup se sont efforcés d'atteindre ce but, bien que séparés les uns des autres. Il est désormais reconnaissable, bien qu'à titre préliminaire, sur un seul point, que l'histoire religieuse de l'Inde du Ve siècle avant J.-C. jusqu'au VIIIe ou IXe après J.-C. n'a pas été constituée uniquement de la lutte entre le brahmanisme et le bouddhisme. Cette conclusion permet enfin d'espérer que l'investigation approfondie des écrits les plus anciens des Jaïns et de leurs relations avec le bouddhisme d'une part et avec le brahmanisme d'autre part offrira de nombreuses voies importantes d'accès à une connaissance plus exacte de la religion. idées qui prévalaient aux VIe et Ve siècles avant JC, et à l'établissement des frontières d'originalité entre les différents systèmes.

ANNEXE A.

Des copies des inscriptions mutilées mentionnées ont été publiées par le général Sir A. Cunningham dans ses *Archaeological Survey Reports* , vol. III, planches XIII-XV. Malheureusement, ils ont été présentés à partir de « copies » et sont donc pleins d'erreurs, qui sont sans doute dues pour la plupart au copiste et non au sculpteur. Il n'est cependant pas difficile, dans la plupart des cas considérés ici, de rétablir la lecture correcte. Habituellement, seuls les signes de voyelles sont omis ou mal lus et, ici et là, des consonnes se ressemblant étroitement comme *va* et *cha, va* et *dha, ga* et *śa, la* et *na* sont échangées.

Les formules des inscriptions sont presque universellement les mêmes. Vient d'abord la date, puis le nom d'un révérend professeur, puis la mention de l'école et de la subdivision de celle-ci à laquelle il appartenait. Puis sont nommées les personnes qui ont consacré les statues (principalement des femmes) et qui appartenaient à la communauté dudit professeur. La description du cadeau constitue la conclusion. Le dialecte des inscriptions montre ce curieux mélange de sanskr ĭt et de Prâkr ĭt que l'on retrouve dans presque tous les documents des rois indo-skythes et qui, comme le Dr Hoernle fut le premier à le reconnaître, était l'une des langues littéraires du nord et du nord. nord-ouest de l'Inde au cours des premiers siècles avant et après le début de notre ère.

Dans le calcul des dates, j'utilise le point de départ préféré de l'ère des rois indo-skythes, qui malheureusement n'est pas déterminé avec certitude, et je suppose qu'il est identique à l'ère Saka *de* 78-¼ après JC. Le règne de ces princes n'aurait pas pu tomber plus tard : à mon avis, c'était un peu plus tôt. [44] Je donne ici des transcriptions et des restaurations d'inscriptions qui mentionnent des écoles ou des titres Jaina.

1. L'inscription qui est la plus importante pour mon propos et en même temps l'une des mieux conservées est l'inscription n° 6 de Sir A. Cunningham, planche xiii, qui a été trouvée sur la base d'une image Jaina (Arch. Sur . *(Rep* . vol. III, p. 31). La copie comparée à un frottement donne la lecture suivante, (les lettres entre parenthèses sont endommagées) :

L. 1. *Siddham[postvocalique] sam[postvocalique] 20 gramâ 1 di 10 + 5 ko(ti)yato gan ato (Vâ)n iyato kulato V(ai)r(i)to śâkâto Śirikâto*

2.   *(bha)ttito   vâchakasya   Aryya-Sam[postvocalique]   ghasihasya nir(v)varttanam[postvocalique] Dattilasya.... Vi .-*

3. *lasya ko(t hu)bi(ki)ya Jayavâlasya Devadâsasya Nâgadinasya cha Nâgadinâye cha (mâ)tu .*

4. *śrâ(vi)kâye (D)i-*

5. *(nâ)ye dânam[postvocalique] . je*

6. *Varddhamâna pra -*

7. *timâ* |

La lacune du vers 2, après *Dattilasya* , contenait probablement le mot *duhituye* ou *dhûtuye* et une partie d'un prénom masculin dont seule la lettre *vi* est visible. Dans l. 3, il est possible que *kot habiniye* doive être lu à la place de *kot hubikiye* . Comme il y a de la place pour une lettre supplémentaire en fin de ligne, je propose de lire *mâtuye* . Dans l. 5, *Dinâye* signifierait *Dattâyâh[postvocalique]* et serait le génitif d'un prénom féminin *Dinnâ* ou *Dattâ* , qui a été raccourci *bhâmâvat* . Il ne fait aucun doute que le mot *śrî* , ou *śiri* , qui est requis, s'est trouvé devant *Vardhamâna* . Avec ces restaurations la traduction est la suivante :

"Succès ! L'année 20, été (*mois*) I, jour 15. Une image de la glorieuse Vardhamâna, le don de la disciple laïque Dinâ [*c'est-à-dire* Dinnâ ou Dattâ], la [*fille*] d'Attila, l'épouse de Vi ..la, la mère de Jayavâla [Jayapâla], de Devadâsa et Nâgadina [*c.-à-d* . Nâgadinna ou Nâgadatta] et de Nâgadina [*c'est-à-dire* de Nâgadinnâ ou Nâgadattâ] --(*cette statue étant*) le *nirvartana* [<u>45</u>] du prédicateur Aryya-Sam[postvocalique] ghasiha [*c'est-à-dire* Ârya-Sam[postvocalique] ghasim[postvocalique] ha], issu de l'école Ko *t* iya, de la race Vâniya, de la branche Vairi, de la division Śirikâ".

L'inscription donnée *Arch. Sur. Représentant* . vol. XX, planche v, n° 6 lit, d'après un excellent frottage :

L. 1. *Namo Araham[postvocalique] tânain namo Siddhâna sam[postvocalique]* 60 [<u>46</u>] + 2

2. *gra 3 di 5 etâye purvâye Rârakasya Aryakakasaghastasya*

3. *śishyâ Âtapikogahabaryasya nirvartana chatnuvarnasya sam[postvocalique] ghasya*

4. *yâ dinnâ pat ibhâ[bho?] ga 1 (?)* | *(?) Vaihikâya datti* |

"Adoration aux Arhats, adoration aux Siddhas ! L'année 62, l'été (*mois*) 3, le jour 5 ; à la date ci-dessus un *yâ* . fut donné à la communauté, qui comprend quatre classes, en jouissance (*ou* une partager pour chacun) (*ceci étant*) le *nirvartana* d'Atapikogahabarya, l'élève d'Arya-Kakasaghasta (Ârya-Karkaśagharshita), originaire de Rârâ (Râ *d* hâ). Le don de Vaihikâ (*ou* , Vaihitâ)."

2. Avec l'inscription n° 6 de l'an 20, le n° 4 (planche xiii) s'accorde ; il a également été trouvé sur un piédestal Jaina. Avec de meilleures lectures d'un frottement de la première face seulement, je propose pour les autres portions, dont je n'ai pas de frottements, les corrections suivantes,--l. 1, *Vâniyato kulato, śâkhâto* ; l. 2, *kut umbimye;* Je note également que la lacune des lignes 2, 3ème

et 4ème côtés serait comblée exactement par *ye śrî-Vardhamânasya pratimâ kâritâ sarvasattvá* . L'existence antérieure des sept premières et dernières lettres peut être considérée comme certaine. Ma restauration de l'ensemble est,--

L. 1 (1er côté) *Siddham[postvocalique] mahârâjasya Kanishkasya râjye sam[postvocalique] vatsare navame* [47] (2e côté).. *mâsc pratha 1 divase 5 a-(3e)[syâm[postvocalique]] purvv[â]ye Kot iyato gan ato Vâniya[to]* (4e) *[ku] lato Vairito śâkâto vâchaka* -

2. (1er côté) *[sya] [N]âganam[postvocalique] disa ni[rva]r[ta]nam[postvocalique] Brah[ma]* ... *[dhû-(2nd)tuye] Bhat t umitasa kut u[m[postvocalique]]bi[n]i[ye] Vikat â-(3e)[ye śrî Vardhamânasya pratimâ kâritâ sarva -(4e) satvâ] nam[postvocalique] hita* -

3. *[sukhâye]* ;

et la traduction :--

"Succès ! Sous le règne du grand roi Kanishka, la neuvième année 9, le premier mois 1 de..., le jour 5, - à la date ci-dessus [une image du glorieux Vardhamâna a été fait être fait] pour le bien-être [et le bonheur] de [tous les êtres créés] par Vikatâ, la femme au foyer de Bha *tt* imita (Bhat *t* imitra) et [fille de] Brâhma...--(cette statue étant) le *nirvartana* du prédicateur Nâganam[postvocalique] idi, issu de l' école Ko *t iya (gan a)*, de la lignée Vâ *n iya (kula)*, (et) de la branche Vairi (*śâkhâ*)."

Si nous nous tournons maintenant vers le *Kalpasûtra* , nous constatons que Su *tt* hiya ou Susthita, le huitième successeur de Vardhamâna, fonda le Kau *t* ika ou Ko *d* iya ga *n* a, qui se divisa en quatre śâkhâs et quatre kulas. Le troisième des premiers était le Vajrî ou Vairî, et le troisième des seconds était le Vâ *nîya* ou Vâ *n* ijja. Il est évident que les noms du *gan a, du kula* et *du śâkhâ* s'accordent avec ceux mentionnés dans les deux inscriptions, Ko *t* iya étant une forme un peu plus ancienne de Ko *d* iya. Mais il est intéressant de noter que la subdivision ultérieure du Vairî śâkhâ - le Śirikâ bhatti (Srikâ bhakti) mentionnée par l'inscription n° 6, n'est pas connue du *Kalpasûtra* . Il s'agit là d'une lacune telle qu'on peut s'attendre à ce qu'elle se produise dans une liste transmise par tradition orale.

3. Le Ko *t* ika ga *n* a est à nouveau mentionné dans l'inscription n° 19 gravement mutilée, planche xv. Une restauration complète est impossible.

L. 1. *Sam[postvocalique] valsare 90 va...sya kut ubani. vadânasya vodhuya* ...

2. *K|ot iyato | gan ato |Praśna|vâha|na | kato kulato Majhamâto śâkhâto...sa nikâye bhati gâlâe thabâni* ...

On peut cependant déduire des fragments de la première ligne que la dédicace a été faite par une femme décrite comme l'épouse (*kut umbinî*) d'une personne et comme la belle-fille (*vadhu*) d'une autre. La première partie du vers 2, restaurée comme ci-dessus donne--"dans la congrégation de... hors de l'école Ko *t* iya, la lignée Praśnavâhanaka et la branche Majhamâ...." La restauration des deux noms Ko *t* iya et Praśnavâhanaka me semble absolument certain, parce qu'ils remplissent exactement les blancs de l'inscription, et parce que les informations du *Kalpasûtra* (SBE vol. XXII, p. 293) concernant le Madhyamâśâkhâ vont dans cette direction. Ce dernier ouvrage nous apprend que Priyagantha, le deuxième élève de Susthita et Supratibuddha, fonda un śâkhâ, appelé Madhyamâ ou Majhimâ.

Comme nos inscriptions montrent que l'explication des termes *gan a, kula* et *śâkhâ* [48] donnée par le professeur Jacobi est correcte et que le premier désigne l'école, le second la lignée des enseignants et le troisième une branche qui se sépare d'une telle lignée, il il s'ensuit que les śâkhâs nommés dans le *Kalpasûtra* sans la mention d'un *gan a* et *d'un kula* , doivent appartenir au dernier *gan a précédent* et tirer leur origine d'un de ses *kulas* . Par conséquent, le Madhyamâ śâkhâ était sans aucun doute inclus dans le Kau *t* ika ga *n* a, et une émanation de l'un de ses *kulas* , dont le quatrième est appelé Praśnavâhanaka ou Pa *n* havâha *n* aya. L'exactitude de ces déductions est prouvée par la déclaration de Râjaśckhara concernant sa descendance spirituelle à la fin du *Prabandha kosha* , qu'il a composé à Vik. sam[postvocalique] 1405. Il nous informe qu'il appartenait au Ko *t* ika ga *n a* , au Praśnavâhana kula, au Madhyamâ śâkhâ, au Harshapurîya gachha et au Maladhâri samtâna, fondés par l'illustre Abhayasûri.

Pour les derniers mots de l. 2 Je n'ose pas proposer de correction ; Je constate simplement que le don semble avoir été constitué de piliers, *thabâni* , c'est-à-dire *stambhâh[postvocalique]* .

4. Le Ko *t* iya ga *n* a semble finalement être mentionné en pl. xiii, n° 2, où la copie de la ligne 1, 2e face peut être corrigée comme suit : -

Siddha--sa 5 he 1 di 10 + 2 asyâ purvvâye Kot (iya) .

5. Les noms d'un *gan a plus ancien* et d'un de ses *kulas* apparaissent dans la planche xiv n° 10, où la copie, défectueuse, peut permettre la restauration partielle suivante, ---

L. 1. *Sa 40 + 7 gra 2 di 20 etasyâ purvvâye Vâran e gan e Petidhamikakulavâchakasya Rohanadisya sîsasya Senasya nivatanam sâvaka-Da*

2. ... *pashân avadhaya Giha..ka.bha.. prapâ [di] nâ..mâ ta ...*

que je traduis...

"L'année 47, l'été (mois) 2, le jour 20, - à la date ci-dessus, une fontaine a été offerte par ..., le ... du disciple laïc Da ... (ceci étant) le *nivatana* de Sena, élève de Rohanadi (Rohanandi) et prédicateur de la lignée Petidhamika (Praitidharmika), dans l'école Vâra *n* a.

Varane doit être une erreur pour le mot très similaire *Chârane* . La deuxième *kula* de ce *gan a* qui, selon le *Kalpasûtra* (*SBE* . vol. XXII, p. 291) fut fondée par Śrîgupta, le cinquième élève d'Ârya Suhastin, est la Prîtidharmika (p. 292). Il est facile de voir qu'un nom similaire se cache dans le composé *Petivamikakutavâchakasya* « du prédicateur de la lignée Petivâmika » ; et une inscription fouillée par le Dr Fuhrer à Mathurâ mentionne le Petivâmika (*kula*) du Vârana *gan a* . Avec le deuxième vers, on ne peut pas faire grand-chose : si les lettres *prapâ* sont correctes et forment un mot, l'un des objets dédiés doit être une fontaine à eau.

6. L'inscription n° 20, planche xv offre également des noms légèrement corrompus et mutilés d'un *gan a* , d'un *kula* et d'un *sâkhâ* , mentionnés dans le *Kalpasûtra* . Dans la copie lithographiée, les lignes 3 à 7 sont sans espoir et il n'y a aucun frottement pour aider. Le mot *thitu* « d'une fille » au vers 6, et le *ma.uya suivant* qui est probablement une lecture erronée de *mâtuye* « de la mère » montrent que cette dédicace a également été faite par une femme. Les quatre dernières syllabes *vato maho* sont probablement les restes d'un autre namaskâra : *namo bhagavato Mahâvîrasya*. En ce qui concerne les noms propres, Aryya Rehiniya est une forme impossible ; mais par comparaison avec l'inscription suivante à mentionner, il est évident que la pierre doit avoir lu *Aryvodchikiyâto* ou *Aryyadehikiyâto g>n â[to]* . [49] Selon le *Kalpasûtra* (*SBE* . vol. XXII, p. 291) Ârya-Roha *n* a fut le premier élève d'Ârya Suhastin et fonda l'Uddeha ga *n* a. Ces derniers se divisèrent en quatre sâkhâs et en six kulas. Le nom de sa quatrième sâkhâ, Pûr *n* apatrikâ, ressemble beaucoup --surtout dans ses éléments consonantiques--à celui de l'inscription, *Petaputrikâ* , et je n'hésite pas à corriger cette dernière en *Ponapatrikâ* qui serait l'équivalent du sansk. Paur *n* apatrikâ. Parmi les six kulas se trouve le Parihâsaka, et compte tenu des autres accords, je crois qu'il est probable que le nom mutilé lu comme *Puridha.ka* est une lecture erronée de *Parihâka* . Nous pouvons corriger les deux premières fois et lire comme suit :

L. 1. *Siddha|m| namo arahato Mahâvir|a|sya devanâsasya | râjña Vâsudevasya sam[postvocalique] vatsare 90 + 8 varshamâse + divase 10 | 1 etasyâ* .

2. *purvv|â|y|e| Aryyo-D|e|h|i|kiyâto gan â[|à| P|a|vi|hâsa|k|a|kula|à| P|ou|ap|a|trikât|o| sâkâto gan |i|sya Aryya-Devadatta|sya| non* ......

3. *Ryya-Kshemasya*

4. *prakagirin e*

5. *kihadiye prajâ*

6. *tasya Pravarakasya dhitu Varan asya gatvakasya ma|t|uya Mitra(?)sa ...datta gâ*

7. *vous.. | namo bhaga | vato mah | âvîrasya |*

et la traduction (jusqu'à présent) sera,--

"Succès ! Adoration à l'Arhat Mahâvirâ, le destructeur(?) des dieux. L'année du roi Vâsudeva, 98, au mois 4 de la saison des pluies, le jour 11--à la date ci-dessus... de le chef de l'école (*gan in*) Aryya-Devadata (Devadatta) hors de l'école (*gan a*) des Aryya-Udehikîya (Ârya-Uddehikiya), hors de la lignée Parihâsaka (*kula*), hors des Ponapatrikâ (Paur *n* apatrikâ) branche (*śâkhâ*)." [50]

Ces déclarations et bien d'autres dans les inscriptions, sur les enseignants et leurs écoles, sont d'une importance non négligeable en elles-mêmes pour les débuts de l'histoire des Jainas. L'accord de ce qui précède avec le *Kalpasûtra* peut être mieux démontré en comparant les déclarations en question les unes aux autres. Les inscriptions prouvent l'existence réelle de vingt des subdivisions mentionnées dans le Sthavirâvali du *Kalpasûtra* . Parmi ses huit ga *n* , nous pouvons certainement en retracer trois, peut-être quatre : l'Uddchika, le Vâra *n* a, le Veśavâ *d* iya (?) et le Ko *d* iya.

Inscriptions :

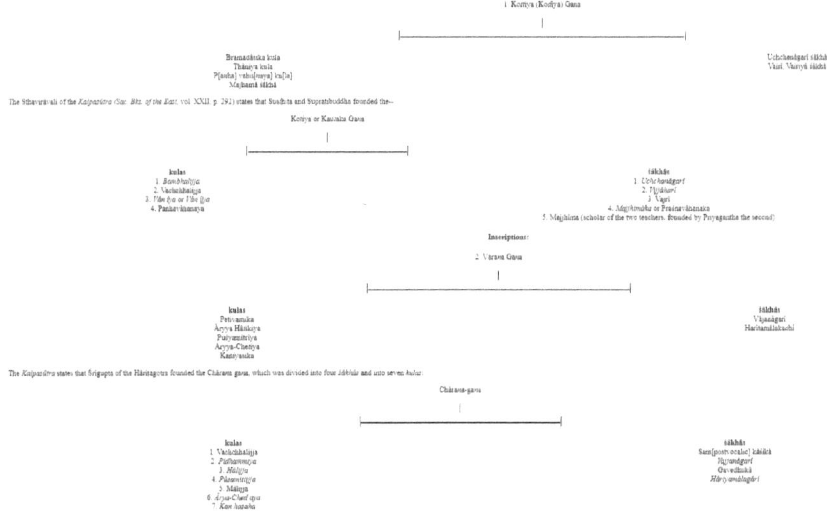

Inscriptions :

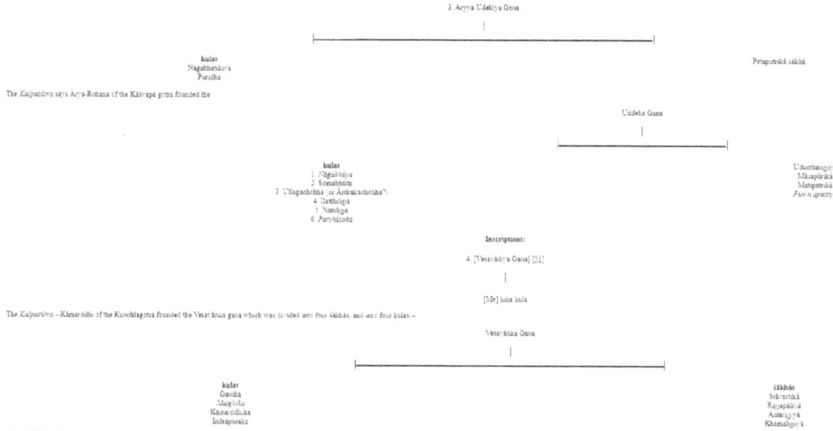

[<u>52</u>]

La ressemblance de la plupart de ces noms est si complète qu'aucune explication n'est nécessaire.

La secte indienne des

Jaïns

<u>**Note de bas de page 1**</u> : Dans les notes sur les Jainas, on retrouve souvent l'opinion exprimée selon laquelle les *Digambaras* appartiennent uniquement au sud et les *Śvetâmbaras* au nord. Ce n'est en aucun cas le cas. Les premiers dans le Panjâb, dans l'est du Râjputâna et dans les provinces du Nord-Ouest, sont tout aussi nombreux, sinon plus, que les seconds, et apparaissent également ici et là dans l'ouest du Râjputâna et du Gujarât : voir Indian Antiquary, *vol*. VII, p. 28.

<u>**Note 2**</u> : Les ascètes de rang inférieur, appelés aujourd'hui Pa *nd* it, portent aujourd'hui le costume du pays. Les Bha *ttâraka* , chefs de la secte, s'enveloppent généralement dans un grand tissu (*chadr*). Ils le mettent de côté pendant les repas. Un disciple sonne alors une cloche pour signaler que l'entrée est interdite (*Ind. Ant.* loc. cit.). On ne peut pas déterminer avec certitude quand la coutume actuelle est apparue pour la première fois. De la description du pèlerin chinois Hiuen Tsiang (St. Julien, *Vie.* p. 224), qui les appelle Li-hi, il ressort qu'ils étaient encore fidèles à leurs principes au début du VIIe siècle après J.-C. « Les Li-hi salut (Nirgranthis) se distinguent en laissant leur corps nu et en s'arrachant les cheveux. Leur peau est toute craquelée, leurs pieds sont durs et gercés : comme les arbres pourris qu'on voit près des rivières.

<u>**Note de bas de page 3**</u> : Voir <u>ci-dessous</u> .

<u>**Note 4**</u> : Dans les introductions stéréotypées des sermons de Jina, il est toujours souligné qu'ils s'adressent aux aryens et aux non-aryens. Ainsi dans l' *Aupapâtika Sûtra* § 56. (Leumann) cela se lit comme suit : *tesim[postvocalique] savvesim[postvocalique]* *âr* *iyamanâriyanam[postvocalique]* *agilâe dhammatm[postvocalique] âikkhai* « à tous ceux-là, aryens et non-aryens, il enseigna la loi sans relâche". Conformément à ce principe, les conversions de personnes de caste inférieure, comme les jardiniers, les teinturiers, etc., ne sont pas rares, même de nos jours. Les mahométans également, considérés comme Mlechcha, sont toujours reçus parmi les communautés jaïnas. Quelques cas de ce genre m'ont été communiqués à Ah[postvocalic]madâbâd en 1876, comme de grands triomphes des Jainas. Récits de la conversion de l'empereur Akbar, par l'intermédiaire du patriarche Hîravijaya (*Ind. Antiq.* Vol. XI, p. 256), et de la propagation de la secte Digambara dans une île de

Jainabhadri, dans l'océan Indien (*Ind. Ant.* Vol . . VII, p. 28) et en Arabie, montrent que les Jaïns sont familiers avec l'idée de la conversion des non-Indiens. La note de Hiuen Tsiang sur l'apparition du Nirgrantha ou Digambara à Kiapishi (Beal, *Si-yu-ki* , Vol. I, p. 55), souligne apparemment le fait qu'ils avaient, au moins dans le Nord-Ouest, étendu leur mission missionnaire activité au-delà des frontières de l'Inde.

<u>Note de bas de page 5</u> : Même les œuvres canoniques des Śvetâmbara, comme par exemple le *Âchârâm[postvocalique] ga (Livres sacrés de l'Orient* , Vol. XXII, p. 88-186) contiennent des instructions pour les religieuses. Il semble cependant qu'ils n'aient jamais joué un rôle aussi important que dans le bouddhisme. A l'heure actuelle, les quelques ordres féminins parmi les Śvetâmbara sont entièrement constitués de veuves vierges, dont les maris sont morts en bas âge, avant le début de leur vie commune. Il n'est pas nécessaire de considérer l'admission des nonnes parmi les Śvetâmbara comme une imitation de l'enseignement bouddhique, puisque les femmes étaient reçues dans certains des anciens ordres brahmaniques ; voir ma note à *Manu* , VIII, 363, (*Sac. Bks. of the East* , Vol. XXV, p. 317). Chez les Digambaras, l'exclusion des femmes était réclamée pour des causes proches. Ils en donnent pour raison la doctrine selon laquelle les femmes ne sont pas capables d'atteindre *le Nirvâna* ; voir Peterson, *Second Report* , dans *Jour. Maman. Frère. R. Comme. Soc.* Vol. XVII, p. 84.

<u>Note 6</u> : Les titres Siddha, Bouddha et Mukta sont certainement empruntés par les deux sectes à la terminologie des Brâhmanes , qu'ils utilisaient, même dans les temps anciens, pour désigner ceux sauvés de leur vivant et qu'ils utilisaient dans la doctrine Śaivite pour décrire un consacré qui est en route vers la rédemption. Un Arhat, parmi les Brâhmanes , est un homme distingué par sa connaissance et sa vie pieuse (comp. par exemple Âpastamba, *Dharmasûtra.* I, 13, 13; II, 10, I.) et cette idée est si proche de celle du Les bouddhistes et les jaïnas peuvent très bien le considérer comme le fondement de cette dernière. Le sens de Tîrthakara « prophète, fondateur de religion », dérive de l'usage brahmanique de *tîrtha* dans le sens de « doctrine ». Comp. aussi l'article de H. Jacobi sur le titre de Bouddha et Jina, *Sac. Livres d'Orient* . Vol. XXII, p. XIX, XX.

<u>Note 7</u> : Un Sâgara ou Sâgaropamâ d'années vaut $==$ 100 000 000 000 000 Palya ou Palyopama. Une Palya est une période pendant laquelle un puits, d'un ou, selon certains, d'une centaine de *yojana* , c'est-à-dire d'un ou d'une centaine de kilomètres carrés géographiques, rempli de poils fins, peut être

vidé, si un cheveu est arraché tous les cent. années : Wilson, *Select. Oeuvres* , Vol. Moi, p. 309 ; Colebrooke, *Essais* , Vol. II, p. 194. éd. Cowell.

Note de bas de page 8 : Pour la liste de ces Jinas, voir ci-dessous .

Note de bas de page 9 : Des représentations plus complètes se trouvent dans Misc . *Essais* . Vol. I, pp. 404, 413, avec l'annexe de Cowell p. 444-452 ; Vol. II, pages 194, 196, 198-201 ; *Œuvres sélectionnées* de HH Wilson , Vol. I, p. 297-302, 305-317 ; J. Stevenson, *Kalpasûtra* , pp. XIX-XXV ; A. Barth, *Religions de l'Inde* , pp. 84-91.

Note de bas de page 10 : Sur le Jaina Paradise, voir ci-dessous . Le Dr Bühler semble ici avoir confondu l' *Alôka* ou Non-monde, « l'espace où l'on ne trouve que des choses sans vie », avec le ciel des Siddhas ; mais ce sont des êtres vivants qui ont franchi la frontière

Note de bas de page 11 : La secte Digambara, du moins dans le sud de l'Inde, ne semble pas être aussi minutieusement prudente à ce sujet que les Śvetâmbara de l'Inde occidentale.--Ed.

Note 12 : Sur les cinq grands vœux voir l' *Âchârâm[postvocalique] ga Sûtra* , II, 15 : *SBE* . Vol. XXII, p. 202-210. Les termes sanskrits des Jaïns sont : 1. *ahim[postvocalique] sâ* , 2. *sûnrita* , 3. *asteya* , 4. *brahmâchârya* , 5. *aparigraha* ; ceux des ascètes brahmaniques : 1. *ahim[postvocalique] sa* , 2. *satya* , 3. *asteya* , 4. *brahmâchârya* , 5. *tyâga* .

Note de bas de page 13 : En référence à l'ascétisme, comp. Leumann, *Aupapâtika Sûtra* § 30. La mort des sages par famine est décrite, Weber, *Bhagavatî Sûtra* , II, 266-267 ; Hoernle *Upâsakadaśa Sûtra,* pp. 44-62 ; *Âchârâm[postvocalique] ga Sûtra* , en *SBE* . Vol. XXII, p. 70-73. Chez les Digambara, les directeurs d'école sont encore, en règle générale, victimes de ce sort. Même chez les Śvetâmbara, des cas de ce genre se produisent, voir K. Forbes, *Râs Mâlâ* , Vol. II, pp. 331-332, ou 2e éd. pages 610-611.

Note de bas de page 14 : Un exemple peut être trouvé dans la comparaison minutieuse faite par Jacobi des coutumes des ascètes brahmaniques et jaïnas, au début de sa traduction de l' *Âchârâm[postvocalique] ga Sûtra*, *SBE* , Vol. XXII, p. XXI-XXIX. En ce qui concerne la mort par famine des ermites brahmaniques et des Sannyâsin, voir Âpastamba, *Dharmasûtra* , dans SBE Vol. II, pp. 154, 156, où (IT, 22, 4 et II, 23, 2) il dit des pénitents qui ont atteint le plus haut degré d'ascèse : " Ensuite il vivra d'eau (puis) d'air, puis sur éther".

<u>Note de bas de page 15</u> : Le *Upâsakadaśâ Sûtra* traite de la vie juste des laïcs, Hoernle, pp. 11-37 (Bibl. Ind.), et Hemachandra, *Yogasûtra* , Prakâsa ii et iii ; Windisch, *Zeitschrift der Deutsch Morg. Ges.* Bd. XXVIII, p. 226-246. Les deux érudits ont souligné dans les notes de leurs traductions la relation entre les préceptes et les termes des Jainas et des bouddhistes. Les Jainas ont emprunté un grand nombre de règles directement aux livres de droit des *Brâhmanes* . Les occupations interdites aux laïcs Jaina sont presque toutes celles interdites par la loi brahmanique au Brâhmane , qui en cas de besoin vit comme un Vaî śya. Hemachandra, *Yogaśâstra* , III, 98--112 et *Upâsakadaśâ Sûtra* , pp. 29-30, peuvent être comparés à Manu, X, 83-89, XI, 64 et 65, et aux passages parallèles cités dans le synopsis de ma traduction (*SBE* Vol. XXV).

<u>Note de bas de page 16</u> : Pour le rituel Jaina, voir *Indian Antiquary* . Vol. XIII, p. 191-196. Les principaux lieux sacrés ou Tirthas sont : Sameta Śikhara au Bengale occidental, où vingt des Jinas auraient atteint le *Nirvana* ; Śatruñjaya et Girnâr dans Kâthiâwâ *d* sacrés respectivement pour R ishabhanâtha et Neminâtha ; Chandrapuri où Vâsupûjya est mort ; et Pâwâ au Bengale où Vardhamâna mourut.--Ed.

<u>Note de bas de page 17</u> : Cette dernière affirmation se trouve dans le *Shad darśanasamuchchaya* Vers. 45, 77-78. Une activité créatrice est attribuée aux Jinas jusque dans l'inscription Kuhâon qui est datée de 460-461 après JC (*Ind. Antiq* . Vol. X, p. 126). Là, ils sont appelés *âdikartri*, les « créateurs originaux ». La cause du développement d'un culte parmi les Jainas a été reconnue pour la première fois à juste titre par Jacobi, *SBE* Vol. XXII, p. XXI. Le culte jaïna diffère sur un point important de celui des bouddhistes. Il ne reconnaissait aucun culte des reliques.

<u>Note de bas de page 18</u> : Une revue complète de l' *Am[postvocalic] ga* et des œuvres canoniques qui y furent jointes plus tard se trouve dans le traité fondamental de A. Weber sur les écrits sacrés des Jainas dans l' *Indische Studien* , Bd. XVI, SS. 211-479 et Bd. XVIII, SS. 1-90. L' *Âchârâm[postvocalique] ga* et le *Kalpasûtra* sont traduits par H. Jacobi dans le *SBE* Vol. XXII, et une partie

du *Upâsakadasâ Sûtra* de R. Hoernle dans la *Bibl. Ind.* Dans les estimations de l'âge de l' *Am[postvocalic] ga,* je suis H. Jacobi, qui a discuté en profondeur de la question *SBE* Vol. XXII, pp. xxxix-xlvii.

<u>Note 19</u> : La tradition ultérieure des Jainas donne pour la mort de leur prophète les dates 545, 527 et 467 avant JC (voir Jacobi, *Kalpasûtra* introd. pp. vii--ix et xxx). Aucune des sources dans lesquelles apparaissent ces annonces n'est plus ancienne que le XIIe siècle après J.-C. La dernière se trouve chez Hemachandra décédé en 1172 après J.-C. La dernière est certainement fausse si l'affirmation, acceptée par la plupart des autorités, selon laquelle la mort de Bouddha tombe entre les années 482 et 472 avant JC sont corrects. Car la tradition bouddhiste soutient que le dernier Jaina Tîrhakara est mort du vivant de Bouddha (voir p. 34).

<u>Note de bas de page 20</u> : Outre la supposition mal étayée de Colebrooke, Stevenson et Thomas, selon laquelle Bouddha était un disciple déloyal du fondateur des Jainas, il y a l'opinion de HH Wilson, A. Weber et Lassen, et d'une manière générale Jusqu'à il y a vingt-cinq ans, on croyait que les Jainas étaient une ancienne secte bouddhiste. Ceci reposait, d'une part, sur la ressemblance des doctrines, écrits et traditions jaïnas avec ceux des bouddhistes, d'autre part, sur le fait que les œuvres canoniques des jaïns montrent un dialecte plus moderne que ceux des bouddhistes, et que les preuves historiques authentiques de leur première existence font défaut. J'étais moi-même autrefois persuadé de la justesse de ce point de vue et pensais même reconnaître les Jainas dans l'école bouddhiste de la Sammatîya. Lors d'un examen plus particulier de la littérature Jaina, auquel j'ai été contraint en raison de la collecte entreprise pour le gouvernement anglais dans les années 70, j'ai découvert que les Jainas avaient changé de nom et étaient toujours, dans les époques plus anciennes, appelés Nirgrantha ou Niga. *pas* ha. L'observation selon laquelle les bouddhistes reconnaissent le Niga *nt* ha et racontent que leur chef et fondateur était un rival du Bouddha et qu'il mourut à Pâvâ où le dernier Tîrthakara aurait atteint le *Nirvân a* , m'a amené à accepter l'opinion selon laquelle les Jainas et les bouddhistes sont issus du même mouvement religieux. Ma supposition a été confirmée par Jacobi, qui est parvenu au même point de vue par un autre cours, indépendamment du mien (voir *Zeitschrift der Deutsch Morg. Ges* . Bd. XXXV, S. 669. Note 1), soulignant que le dernier Tîrthakara du canon Jaina porte le même nom que chez les bouddhistes. Depuis la publication de nos résultats dans l' *Ind. Ant* . Vol. VII, p. 143 et dans l'introduction de Jacobi à son édition du *Kalpasûtra,* qui ont ensuite été vérifiées par Jacobi avec une grande pénétration, les avis sur cette question ont été partagés. Oldenberg, Kern,

Hoernle et d'autres ont accepté sans hésitation cette nouvelle vision, tandis qu'A Weber (*Indische Studien* Bd. XVI, S. 240) et Barth (*Revue de l'Histoire des Religions* , tome III, p. 90) maintiennent à leur ancien point de vue. Ces derniers ne font pas confiance à la tradition Jaina et croient probable que les déclarations qu'elle contient soient falsifiées. Il y a certainement de grandes difficultés à accepter une telle position, en particulier l'improbabilité que les bouddhistes aient oublié la défection de leur ennemi détesté. Cependant, cela n'est pas absolument impossible puisque le plus ancien canon Jaina conservé n'a eu sa première édition authentique qu'au cinquième ou sixième siècle de notre ère, et il manque encore la preuve que les Jainas, dans les temps anciens, possédaient une tradition fixe. La conviction que je suis capable d'insérer ce chaînon manquant dans la chaîne d'argumentation et l'espoir de dissiper les doutes de mes deux honorés amis m'ont poussé à tenter une formulation cohérente de l'ensemble de la question, bien que cela nécessite la répétition d'une grande partie de ce qui a déjà été dit. Cela a été dit et constitue dans sa première partie presque entièrement une récapitulation des résultats des recherches de Jacobi.

Note 21 : L'affirmation selon laquelle le père de Vardhamâna était un roi puissant appartient aux exagérations manifestes. Cette affirmation est réfutée par d'autres déclarations des Jainas eux-mêmes. Voir Jacobi, *SBE* Vol. XXII, p. xi-xii.

Note de bas de page 22 : Le Dr Bühler avait ici par un glissement "Magadha oder Bihâr".--JB

Note de bas de page 23 : Il s'agit de l'identification du général Cunningham et d'une identification probable.--Ed.

Note de bas de page 24 : Des notes sur la vie de Mahâvîra se trouvent notamment dans *Âchârâm[postvocalique] ga Sûtra* dans *SBE* Vol. XXII, p. 84-87, 189-202 ; *Kalpasûtra,* ibid. pages 217 à 270. Ce qui précède peut être comparé à la représentation de Jacobi, ibid. pp. où sont données la plupart des identifications des lieux nommés, et *Kalpasûtra* introd. p. ii. Nous devons remercier le Dr Hoernle pour l'information importante selon laquelle le lieu de naissance de Vardhamâna, Ku *nd* apura, s'appelle toujours Vasukund : *Upâsakadaśâ Sûtra* p. 4. Note 3. Les informations sur les schismes des Jainas sont recueillies par Lemmann dans l' *Indische Studien* , Bd. XVII, art. 95 et suiv.

<u>Note de bas de page 25</u> : Le *Mahâparinibbân a Sutta* , en *SBE* . Vol. XI, p. 106.

<u>Note de bas de page 26</u> : Jacobi, *Zeitschrift der Deutsch. Morg. Ges.* Bd. XXXIV, article 187 ; *Ind. Antiq.* Vol. IX, p. 159.

<u>Note de bas de page 27</u> : Jacobi, *Ind. Antiq.* Vol. IX, p. 159.

<u>Note de bas de page 28</u> : Jacobi, *loc. cit.* . p. 160, et Leumann, *Actes du Vlième Congrès Int. des Or* . Secte. Ary. p. 505. Comme les récits Jaina de l'enseignement de Pârśva et de l'existence de communautés de ses disciples semblent dignes de confiance, nous pouvons peut-être admettre, avec Jacobi, qu'ils reposent sur un fondement historique.

<u>Note de bas de page 29</u> : Jacobi *loc. cit.* . p. 159-160.

<u>Note de bas de page 30</u> : Voir par exemple le récit du *Chullavagga* , dans *SBE* . Vol. XX. p. 78-79 ; *Ind. Antiq.* Vol. VIII, p. 313.

<u>Note de bas de page 31</u> : Spence Hardy, *Manuel du bouddhisme* , p. 225.

<u>Note de bas de page 32</u> : *SBE* . Vol. XVII, p. 108-117.

<u>Note de bas de page 33</u> : Le passage est donné dans l'original par Oldenberg, *Leitsch. der D.Morg. Ges* . Bd. XXXIV, S. 749. Sa signification en relation avec la tradition Jaina quant à leurs schismes a été négligée jusqu'à présent. Il est également passé inaperçu que l'affirmation selon laquelle Vardhamâna est mort du vivant de Bouddha prouve que le dernier récit de cet événement donné par les traditions de 467 avant JC est faux : des légendes bouddhistes ultérieures (Spence Hardy, Manual of Budhism, pp. 266-271) traitent de la mort de Nâtaputta plus en détail. Dans un long récit, ils en donnent comme cause l'apostasie d'un de ses disciples, Upâli, qui fut converti par Bouddha. Après être passé au bouddhisme, Upâli traita son ancien maître avec mépris et osa raconter une parabole qui devrait prouver la sottise de ceux qui croyaient aux fausses doctrines. Sur ce, le Niga *ntha* tomba dans le

désespoir. Il déclara que son vase d'aumône était brisé, son existence détruite, se rendit à Pâva et y mourut. Bien entendu, aucune importance n'est à accorder à ce récit et à ses détails. Ils sont apparemment le résultat d'une haine sectaire.

<u>Note de bas de page 34 </u>: Selon la supposition de Jacobi, *SBE* . Vol. XXII, p. xvi, l'erreur a été causée par le seul disciple de Vardhamâna, qui a survécu à son maître, Sudharman étant un Âgniveśyâyana.

<u>Note de bas de page 35 </u>: Voir pour l'histoire de Sîha relatée ci-dessus, Spence Hardy, *Manual of Budhism* , pp. 226, 266, et Jacobi, *Ind. Antiq.* Vol. VIII, p. 161

<u>Note de bas de page 36 </u>: Beal, *Si-yu-ki.* Vol. II, p. 168.

<u>Note de bas de page 37 </u>: Turnour, *Mahâvam[postvocalic] sa* , pp. 66-67 et p. 203, 206 : *Dîpavan[g]sa* XIX 14 ; comp. aussi Kern, *Buddhismus* , Bd. I, S. 422. Dans le premier passage du *Mahâvam [postvocalique] sa* , trois Nigha *nt* as sont introduits par leur nom, Jotiya, Giri et Kumbha *nd* a. La traduction incorrecte fait du premier un Brâhman *et* un ingénieur en chef.

<u>Note 38 </u>: Voir Sénart, *Inscriptions de Piyadasi* , tom. II, p. 82. Éd. VIII, l. 4. Ma traduction diffère de celle de Sénart sur certains points notamment en ce qui concerne la construction. Conf. *Epigraphia Indea* , vol. II, p. 272 et suivantes.

<u>Note de bas de page 39 </u>: Voir *Ind. Antiquary* , vol. XX, p. 361 et suiv.

<u>Note de bas de page 40 </u>: La signification de ces inscriptions, que l'on croyait autrefois bouddhistes, a été précisée pour la première fois par la discussion minutieuse d'Indrâji du Dr Bhangvânlâl dans les *Actes du Vlième Congrès Internat. Secte des Orientalistes* . Ary. p. 135-159. H ; reconnut le premier les vrais noms du roi Khâravela et de ses prédécesseurs et montra que Khâravela et sa femme étaient les patrons des Jainas. Nous devons le remercier pour l'information selon laquelle l'inscription contient une date de l'ère Maurya. J'ai discuté en profondeur de son excellent article dans l' *Oesterreichischen Monatsschrift* , Bd. X, S. 231 et suiv. et j'y ai donné mes raisons de différer de

lui sur un point important, à savoir la date du début de l'ère Maurya, qui, selon lui, commence avec la conquête de Kalim [postvocalique] ga par Aśoka vers 255 avant JC. Je trouve impossible d'accepter que l'expression « en la cent soixante cinquième année de l'ère des rois Maurya » puisse signifier autre chose que le fait que 164 années se sont écoulées entre la treizième année du règne de Khâravela et l'onction de le premier roi Maurya Chandrugupta. Malheureusement, il est impossible de fixer l'année de ce dernier événement, ou de dire plus qu'il s'est produit entre les années 322 et 312 avant JC. La date donnée dans l'inscription de Khâravela ne peut donc être plus précisément fixée qu'elle se situe entre 156 et 147 avant JC. J'ajoute maintenant à mes remarques précédentes que les appels à l'Arhat et au Siddha apparaissent également dans les inscriptions Jaina de Mathurâ et peuvent être considérés comme une certaine marque de la secte. Il convient donc de noter que même à l'époque de Hiuen Tsiang (Beal, *Si-yu-ki*, Vol. II, p. 205) Kalinga était l'un des principaux sièges des Jainas.

<u>Note de bas de page 41</u> : Cette inscription a également été révélée pour la première fois par le Dr Bhagwanlal Indiaji, *loc. cit*. p. 143.

<u>Note de bas de page 42</u> : La longue note du Dr Bühler (p. 48) sur ces inscriptions a ensuite été développée dans le *Wiener Zeitschrift fur die Kunde des Morgenlandes* Bd. I, p. 165-180 ; Bd. II, art. 141-146. Bd. III, p. 233-240 ; et Bd. IV, art. 169-173. L'argumentation de ces articles est résumée en annexe. A, pp. 48 et suiv.--Éd.

<u>Note de bas de page 43</u> : Voir les avis de Weber et Barth cités ci-dessus en note I, p. 23.

<u>Note de bas de page 44</u> : Ce qui suit est tiré d'un article ultérieur et plus complet de l'auteur dans *Wiener Zeitschrift für die Kunde des Morgenlandes*, Bd. I, S. 170 s., mais abrégé.--Ed.

<u>Note de bas de page 45</u> : Le mot *nirvartana* a le sens de « en obéissance à l'ordre », ou « en conséquence de la demande ». Il apparaît à nouveau sous la forme Prakrit *nivatanam [postvocalique]* ci-dessous, au n° 10 (pl. xiv) et il s'est trouvé au n° 4, et à la fin de l. 2 du n° 7, où le frottement a *du nirva*. On le retrouve également dans le suivant : *Arch. Sur. Rép.* vol. XX, pl. v, n° 6.

Note de bas de page 46 : En interprétant le premier chiffre comme 60, je suis comme Sir A. Cunningham. Je n'ai jamais vu le signe, dans une autre inscription. Les caractères de l'inscription sont si archaïques que cette date peut faire référence à une époque antérieure à l'Indo-Skythe.

Note de bas de page 47 : *Sac. Bks. Est* , vol. XXIIe p. 292.

Note de bas de page 48 : *SB E* . vol. XXII, p. 288, note 2.

Note de bas de page 49 : *Wiener Zeitshe. fd Kunde der Morgenl.* , Bd. II, art. 142 s.

Note de bas de page 50 : Plus tard, le Dr Bühler a ajouté d'autres preuves d'inscriptions de l'authenticité de la tradition Jaina, dans le *Vienna Oriental Journal* , vol. II, pages 141 à 146 ; vol. III, pages 233 à 240 ; vol. IV, p. 169-173, 313-318 ; vol. V, p. 175-180 ; et dans *Epigraphia Indica* , vol. I p. 371-397 ; vol. II, pp. 195-212, 311. Les paragraphes donnés ci-dessus sont principalement tirés de son premier article dans le *Vienna Oriental Journal* (vol. I, pp. 165-180), qui semble être une révision étendue de la longue note de bas de page du article original sur les Jainas, mais il est ici corrigé par endroits à partir de lectures dans ses articles ultérieurs.--JB

Note de bas de page 51 : *Epigraphia Indica* , vol. I, p. 382, 388.

Note de bas de page 52 : Pour les listes ci-dessus, voir *Wiener Zeitschi* . Bd. IV, S. 316 et suiv. et *Kalpasûtra* dans *SBE* vol. XXII, p. 290 s.

MYTHOLOGIE Jaïna.

La mythologie des Jaïnas, tout en incluant de nombreuses divinités hindoues, auxquelles elle accorde des positions très inférieures, est de composition tout à fait différente. Il a toutes les apparences d'un système purement construit. Les dieux sont classés et subdivisés en ordres, genres et espèces ; tous sont mortels, ont leur âge fixe, ainsi que leurs demeures, et se distinguent principalement par des connaissances *chihnas* ou *lâńchhan comme* . Leurs Tîrthakaras, Tîrthamkaras, ou saints parfaits, sont généralement connus comme vingt-quatre appartenant à l'âge présent. Mais la mythologie prend également en compte un âge passé et futur ou une rénovation du monde, et à chacun de ces éons sont attribués vingt-quatre Tîrthakaras. Mais ce n'est pas tout : dans leur cosmogonie, ils fondent d'autres continents que Jambûdvîpa-Bharata ou celui dans lequel nous vivons. Ceux-ci sont séparés du Jambûdvîpa par des mers infranchissables, mais exactement semblables à lui à tous égards et sont appelés Dhâtuki-kanda et Pushkarârddha ; et de chacune d'elles il y a des régions orientales et occidentales de Bharata et d'Airàvata, tandis que du Jambûdvîpa il y a aussi une région de Bharata et une région d'Airâvata : celles-ci forment les dix régions ou mondes suivants : --

1. Jambûdvîpa-bharata-kshetra.
2. Dhâtukî-kha *et* pûrva-bharata.
3. Dhâtukî-kha *et* un paśchima-bharata.
4. Pushkarârddha pûrva-bharata.5. Pushkaravaradvîpa paśchima-bharata.6. Jambûdvîpa airâvata-kshetra.7. Dhâtukî-kha *et* pûrva-airâvata.
8. Dhâtukî-kha *et* paśchima-airâvata.
9. Pushkarârdhadvîpa pûrva-airâvata.10. Puskarârddha paśchima-airâvata.

A chacun d'eux sont attribués vingt-quatre Atîts ou Jinas passés, présents et futurs, soit en tout 720 de cette classe, pour laquelle ils ont inventé des noms : mais ce ne sont que des noms. [1]

Cependant, des Tîrthakaras de l'époque actuelle ou *avasarpini dans le Bharata-varsha du Jambûdvîpa nous sont fournis avec des détails minutieux : - leurs noms, parents, stations, âges réputés, teints, serviteurs, connaissances (chihna) ou* caractéristiques, etc. ... et ces détails sont utiles pour l'explication de l'iconographie que nous rencontrons dans les sanctuaires des temples Jaïna. Là, les images des Tîrthakaras sont placées sur des trônes hautement sculptés et entourées d'autres figures plus petites. Dans les temples de la secte Śvetâmbara, les images sont généralement en marbre, blanc dans la plupart des cas, mais souvent noires pour les images des 19e, 20e, 22e et 23e Jinas. Sur le devant du trône ou *âsana* sont généralement sculptés trois petites figures : à droite du Jina se trouve une figure masculine représentant le serviteur Yaksha ou le serviteur de ce Jina particulier ; à l'extrémité gauche du trône se trouve la femelle correspondante - ou Yakshinî, Yakshî ou Śâsanadevî ; tandis que dans un panneau au milieu il y a souvent un autre devî. A la base du siège également, sont placées neuf très petites figures représentant le *navagraha* ou neuf planètes ; c'est le soleil, la lune, cinq planètes et les nœuds ascendants et descendants.

Dans les Jaina *Purânas* , des légendes sont données pour rendre compte de la connexion des Yakshas et Yakshîs avec leurs Tîrthakaras respectifs : ainsi, dans le cas de Pârśvanâtha, nous avons l'histoire de deux frères Marubhûti et Kama t ha, qui dans huit incarnations *successives* furent toujours ennemis, et sont finalement nés respectivement sous les noms de Pârśvanâtha et Sambaradeva. Un Pâsha *et* un incroyant, engagés dans le rite *panchâgni* , en abattant un arbre pour son feu, contre la remontrance de Pârśvanâtha, coupèrent en morceaux deux serpents qui s'y trouvaient ; les Jina, cependant, leur redonnèrent vie au moyen du *pañchamantra* . Ils renaissent alors en Pâtâla-loka sous le nom de Dhara *n* endra ou Nâgendra-Yaksha et Padmâvatî-Yakshi *nî* . Lorsque Sambaradeva ou Meghakumâra attaqua ensuite l'Arbat avec une grande tempête, alors qu'il était engagé dans l' austérité *de Kâyotsarga* , se tenant immobile, exposé aux intempéries, de la même manière que Mâra attaqua le Bouddha Śâkya à Bodh-gayâ, le trône de Dhara *nendra* à Pâtâla alors trembla, et le Nâga ou Yaksha avec son épouse se précipita aussitôt vers la protection de son ancien bienfaiteur. Dhara *n* endra étendit ses nombreuses capuches sur la tête de l'Arhata et le Yakshm [postvocalique] î Padmâvatî tenait un parapluie blanc (*śveta chhatri*) sur lui pour se protéger. Depuis lors, ils sont devenus ses serviteurs constants, tout comme Shakra l'était pour Bouddha. La légende est souvent représentée dans des sculptures anciennes, dans les temples-grottes de Bâdâmi, Elura, etc., et la figure de Pârśva est généralement sculptée avec les capuchons de serpent (Śeshaphan i) *sur* lui. [2]

D'autres légendes expliquent l'attachement de chaque paire de Śâsanadevatâs à leurs Jinas respectifs.

Les Śvetâmbaras et les Digambaras s'accordent généralement sur les détails concernant les différents Tîrthakaras ; mais, d'après les informations fournies par Maisur, ils semblent différer quant aux noms des Yakshi *n* attachés aux différents Tîrthakaras, à l'exception du premier et des deux derniers ; ils diffèrent également dans les noms de plusieurs Jinas des éons passés et futurs. Les Digambaras regroupent la plupart des seize Vidyâdevis ou déesses du savoir parmi les Yakshi *nîs* , tandis que l'autre secte n'en compte à peine un tiers.

Ces Vidyâdevîs, tels que donnés par Hemachandra, sont : (1) Rohi *nî* ; (2) Prajñaptî ; (3) Vajrasr iṅkhalâ ; (4) Kuliśânkuścâ - probablement l'Ankuśa-Yakshî du Śvetàmbâra quatorzième Jina ; (5) Chakreśvarî ; (6) Naradattâ ou Purushadattâ; (7) Kâli ou Kâlîkâ; (8) Mahakâli; (9) Gauri; (10) Gândhârî; (11)

Sarvâstramahâjvâlâ ; (12) Manavi; (13) Vairo *t* yâ; (14) Achchhuptâ ; (15) Manasî; et (16) Mahâmânasikâ.

Les images des Tîrthakaras sont toujours représentées assises, les jambes croisées devant, les orteils d'un pied reposant près du genou de l'autre ; et la main droite repose sur la gauche sur les genoux. Tous sont représentés exactement de la même manière, sauf que Pârsvanâtha, le vingt-troisième, porte sur lui des capuches de serpent ; et, avec les Digambaras, Supârśva, le septième, possède également un plus petit groupe de capuchons de serpent. Les images de Digambara sont toutes assez nues ; ceux des Śvetâmbaras sont représentés vêtus, et ils les décorent de couronnes et d'ornements. Ils se distinguent les uns des autres par leurs serviteurs *Yakshas* et *Yakshinîs* ainsi que par leurs *chihnas* ou connaissances respectives qui sont gravées sur le coussin du trône.

Tous les Jinas sont attribués à la famille Ikshvâku (*kula*), à l'exception du vingtième Munisuvrata et du vingt-deuxième Neminâtha, qui étaient de la race Harivam[postvocalique] śa.

Tous reçurent *le dîkshà* ou la consécration dans leur lieu d'origine ; et tous obtinrent en même temps *le jñâna ou l'illumination complète, à l'exception de R ishabha qui devint Kevalin* à Purimatàla, Nemi à Girnâr et Mahâvîra à la rivière Rijupàlukà ; et vingt d'entre eux moururent ou obtinrent *moksha* (délivrance dans le bonheur) sur Sameta-Śikhara ou mont Pârśvanâtha à l'ouest du Bengale. Mais R ishabha, le premier, mourut le jour d'Ash *tâpada* , censé être Śatruñljaya au Gujarât ; Vâsupûjya mourut à Champâpuri au nord du Bengale ; Neminâtha sur le mont Girnâr ; et Mahâvîra, le dernier, à Pâvâpur.

Vingt et un des Tîrthakaras auraient atteint Moksha dans la posture Kâyotsarga (Guj. *Kâüsagga*), et R *ishabha, Nemi et Mahâvira sur le padmâsana* ou trône du lotus.

Par souci de concision, les détails suivants pour chaque Arhat sont donnés ci-dessous par ordre sériel, à savoir : -

1. Le *vimâna* ou *vâhana* (ciel) d'où il est descendu pour s'incarner.
2. Lieu de naissance et lieu de consécration ou *dîkshâ* .
3. Noms du père et de la mère.4. Teint.5. Connaissance-- *chihna* ou *lâñchhan a* .
6. Hauteur ; et7. Âge.8. Dîksha-vriksha ou arbre Bodhi.9. Yaksha et Yakshi *nî* , ou esprits accompagnateurs.
10. Premier Ganadhara ou disciple principal, et premier Âryâ ou leader des femmes converties.

I. R ishabhadeva, Vr ishabha, Âdinthâ ou Adiśvara Bhagavân : --(I) Sarvârthasiddha ; (2) Vinittanagarî en Kośalâ et Purimatâla ; (3) Nâbhîrâjâ par Marudevâ ; (4) doré-- *varn a* -, (5)le taureau,-- *vr isha, balada ;* (6) 500 pôles ou *dhanusha* ; (7) 8 400 000 pûrva ou grandes années ; (8) le Va *t* a ou banian ; (9) Gomukha et Chakreśvarî ; (10) Pundarîka et Brahmî.

II. Ajitanâtha : (1) Vijayavimana ; (2) Ayodhyâ; (3) Jitaśatru de Vijayâmâtâ ; (4) doré; (5) l'éléphant - *gaja* ou *hasti* ; (6) 450 poteaux; (7)7 200 000 années pûrva ; (8) Śâla--le Shorea Robusta ; (9) Mahâyaksha et Ajitabalâ : chez les Digambaras, le Yakshi *nî* est Rohi *nî* -yakshî ; (10) Śim[postvocalique] hasena et Phâlgu.

III. Sambhavanâtha : (1) Uvarîmagraiveka ; (2) Sâvathi ou Śràvasti ; (3) Jitâri par Senâmâtâ ; (4) doré; (5) le cheval,-- *aśva, ghod a* ; (6) 400 poteaux; (7) 6 000 000 d'années pûrva ; (8) le Prayâla--Buchanania latifolia ; (9) Trimukha et Duritârî (Digambara-Prajñaptî) ; (10) Châru et Śyâmâ.

IV. Abhinandana : (1) Jayantavimâna ; (2) Ayodhyâ; (3) Sambararâjâ par Siddhârthà ; (4) doré; (5) le singe, *plavaga, vânara* ou *kapi* ; (6) 350 poteaux ; (7) 5 000 000 d'années pûrva ; (8) le Priya *n* gu ou Panicum italicum ; (9) Nàyaka et Kâlîkâ, et Digambara--Yaksheśvara et Vajraśr im[postvocalic] khalâ ; (10) Vajranâbha et Ajitâ.

V. Sumatinâtha : (1) Jayantavimâna ; (2) Ayodhyâ; (3) Megharajâ par Mam[postvocalique] galâ ; (4) doré; (5) le courlis, - *kraum [postvocalique] cha* , (Dig. *chakravakapâkshâ* - le Brâhmani ou l'oie rouge) ; (6) 300 poteaux ; (7) 4 000 000 d'années pûrva ; (8) arbre Śâla; (9) Tum[postvocalique] buru et Mahâkalî (Dig. Purushadattâ) ; (10) Charama et Kâśyapî.

VI. Padmaprabha : (1) Uvarîmagraiveka ; (2) Kauśambi; (3) Śrîdhara par Susîmâ ; (4) rouge (*rakta*); (5) un bourgeon de lotus – *padma, abja* ou *kamala* ; (6) 250 poteaux; (7) 3 000 000 d'années pûrva ; (8) le Chhatra --(Anethum sowa ?) ; (9) Kusuma et Śyâmâ (Dig. Manovegâ ou Manoguptî) ; (10) Pradyotana et Ratî.

VII. Supârśvanâtha : (1) Madhyamagraiveka ; (2) Varâ *n* aśî; (3) Pratish *t* harâjâ par Pr ithvî ; (4) doré; [3] (5) le symbole de la croix gammée ; (6) 200 poteaux; (7) 2 000 000 d'années pûrva ; (8) le Śirîsha ou Acacia sirisha ; (9) Mâtam[postvocalique] ga et Śântâ ;--Digambara, Varanandi et Kâlî ; (10) Vidirbha et Somâ.

VIII. Chandraprabha : (1) Vijayanta ; (2) Chandrapura ; (3) Mahâsenarâjâ par Lakshma *nâ* ; (4) blanc-- *dhavala, śubhra* ; (5) la lune-- *chandrâ ou śaśî* ; (6) 150 poteaux; (7) 1 000 000 d'années pûrva ; (8) l'arbre Nâga ; (9) Vijaya et Bhr iku *tî* : Digambara--yâma ou Vijaya et Jvâlâmâlinî ; (10) Dinnâ et Sumanâ.

IX. Suvidhinâtha ou Pushpadanta : (1) Ânatadevaloka ; (2) Kâna *et* înagarî ; (3) Sugrîvarâja par Râmârâ *nî* ; (4) blanc; (5) le Makara (Dig. le crabe-- *êd i*); (6) 100 poteaux ; (7) 200 000 années pûrva ; (8) le Śâlî; (9) Ajitâ et Sutârakâ : Digambara--Ajitâ et Mahâkâlî ou Ajitâ ; (10) Varâhaka et Vâru *nî* .

X. Śitalanâtha : (1) Achyutadevaloka ; (2) Bhadrapurâ ou Bhadilapura ; (3) Dr
ı *d* haratha-râjâ par Nandâ ; (4) doré; (5) la figure Śrîvatsa : (Dig. *Śri-vriksha* le
ficus religiosa) ; (6) 90 poteaux ; (7) 100 000 années pûrva ; (8) l'arbre gu
Priyam [postvocalique] ; (9) Brahmâ et Aśokâ (Dig. Mânavî) ; (10) Nandâ et
Sujasâ.

XI. Śreyâm[postvocalique] śanâtha ou Śreyasa : (1) Achyutadevaloka ; (2)
Sim[postvocalique] hapurî; (3) Vish *n* urâjâ par Vish *n* â ; (4) doré; (5) le
rhinocéros-- *khad ga, gem[postvocalique] d â* : (Dig. Garu *d* a) ; (6) 80 poteaux ;
(7) 8 400 000 années communes ; (8) l' arbre Ta *nd uka* ; (9) Yakshe *t* et
Mânavî : Digambara--Îśvara et Gauri ; (10) Kaśyapa et Dhâra *nî* .

XII. Vâsupûjya : (1) Prân *atadevaloka* ; (2) Champâpurî ; (3) Vasupûjya de Jayâ
; (4) vermeil-- *rakta* , Guj. *ratum[postvocalique]* ; (5) la femelle buffle-- *mahishî,
pâdâ* ; (6) 70 poteaux ; (7) 7 200 000 années communes ; (8) le Pâ *t* ala ou
Bignonia suaveolens ; (9) Kumâra et Cha *ndâ* (Dig. Gândhârî) ; (10) Subhuma
et Dhara *nî* .

XIII. Vimalanâtha : (1) Mahasâradevaloka ; (2) Kampilyapura; (3)
Krıtavarmarâja par Śyâmâ ; (4) doré; (5) un sanglier-- *śakara, varâha* ; (6) 60
poteaux ; (7) 6 000 000 d'années ; (8) le Jâmbu ou Eugenia jambolana ; (9)
Shâ *n* mukha et Viditâ (Dig. Vairô *tî*) ; (10) Mandara et Dharâ.

XIV. Anantanâtha ou Anantajit : (1) Prân *atadevaloka* ; (2) Ayodhyâ; (3)
Sim[postvocalique] hasena par Suyaśâh[postvocalique] ou Sujasâ ; (4) doré;
(5) un faucon – *śyena* (Dig. *bhallûka* un ours) ; (6) 50 poteaux ; (7) 3 000 000
d'années ; (8) l'Aśoka ou Jonesia asoka; (9) Pâtâla et Ankuśâ (Dig.
Anantamatî) ; (10) Jasa et Padma.

XV. Dharmanâtha : (1) Vijayavimâna ; (2) Ratnapurî ; (3) Bhânurâjâ de
Suvritâ ; (4) doré; (5) la foudre : *vajra* ; (6) 45 poteaux ; (7) 1 000 000 d'années ;
(8) Dadhîpar *n* un arbre (Clitoria ternatea ?) ; (9) Kinnara et Kandarpâ (Dig.
Mânasî) ; (10) Arish *ta* et Ârthaśivâ.

XVI. Śântinâthâ : (1) Sarvârthasiddha ; (2) Gajapura ou Hastinapurî ; (3)
Viśvasena d'Achirâ; (4) doré; (5) une antilope-- *mr iga, haran a, hullĕ* , (6)40
poteaux ; (7) 100 000 ans ; (8) le Nandî ou Cedrela toona ; (9) Garu *d* a et
Nirvâ *nî* (Dig. Kimpurusha et Mahâmânasî) ; (10) Chakrâyuddha et Suchî.

XVII. Kunthtinâtha : (1) Sarvârthasiddha ; (2) Gajapura; (3) Sûrarâjâ par
Śrîrânî ; (4) doré; (5) une chèvre-- *chhâga* ou *aja* ; (6) 35 poteaux ; (7) 95 000
ans ; (8) l'arbre Bhilaka ; (9) Gandharva et Balâ (Dig. Vijayâ) ; (10) Samba et
Dâminî.

XVIII. Aranâtha : (1) Sarvârthasiddha ; (2) Gajapura; (3) Sudarśana de Devîrâ
nî ; (4) doré; (5) le diagramme de Nandyâvarta, (Dig. *Mina* – les Poissons

zodiacaux) ; (6) 30 poteaux ; (7) 84 000 ans ; (8) Âmbâ ou Manguier ; (9) Yakshe *ta* et Dha *nâ* (Dig. Kendra et Ajitâ) ; (10) Kumbha et Rakshitâ.

XIX. Mallinâtha : (1) Jayantadevaloka ; (2) Mathura ; (3) Kumbharâjâ par Prabhâvatî ; (4) bleu-- *nîla* ; (5) un pot-- *kumbham, kalaśa* ou *ghat a* ; (6) 25 poteaux ; (7) 55 000 ans ; (8) arbre Aśoka; (9) Kubera et Dhara *n* apriyâ (Dig. Aparâjitâ) ; (10) Abhikshaka et Bandhumatî.

XX. Munisuvrata, Suvrata ou Muni : (1) Aparâjita-devaloka ; (2) Râjagr iha; (3) Sumitrarâjâ par Padmâvatî ; (4) noir-- *śyâma, asita* ; (5) une tortue-- *kûrma* ; (6) 20 poteaux ; (7) 30 000 ans ; (8) le Champaka, Michelia champaka; (9) Varu *n* a et Naradattâ, (Dig. Bahurûpi *n* î) ; (10) Malli et Pushpavatî.

XXI. Naminâtha, Nimi ou Nimeśvara : (1) Prâ *n* atadevaloka ; (2) Mathura ; (3) Vijayarâjâ par Viprârâ *nî* ; (4) jaune; (5) le nénuphar bleu-- *nîlotpala* , avec les Digambaras, parfois l'arbre Aśoka ; (6) 15 poteaux ; (7) 10 000 ans ; (8) le Bakula ou Mimusops elengi ; (9) Bhr iku *t* i et Gandhârî, (Dig. Châmu *nd* î) ; (10) Subha et Anilâ.

XXII. Neminâtha ou Arish *t* anemi : (1) Aparâjita ; (2) Sauripura (Prákrit-- Soriyapura) et Ujjinta ou Mont Girnâr ; (3) Samudravijaya de Śivâdevi ; (4) noir-- *śyâma* ; (5) une conque,-- *sam[postvocalique] kha* ; (6) 10 poteaux ; (7) 1000 ans ; (8) le *Vetasa* ; (9) Gomedha et Ambikâ : avec les Digambaras, Sarvâh *n* a et Kûshmâ *nd* inî ; (10) Varadatta et Yakshadinnâ.

XXIII. Pârśvanâtha : (1) Prân *atadevaloka* ; (2) Varân *aśî* et Sameta-Śikhara ; (3) Aśvasenarâja par Vâmâdevî ; (4) bleu-- *nîla* ; (5) un serpent-- *sarpa* ; (6) 9 mains ; (7) 100 ans ; (8) le Dhâtakî ou Grislea tomentosa; (9) Pârśvayaksha ou Dhara *nendra* et Padmâvatî ; (10) Âryadinna et Pushpachû *dâ* .

XXIV. Śri-Mahâvîra, Vardhamâna ou Vîra, le Śrama *n* a : (1) Prân *atadevaloka* ; (2) Ku *nd* agrâma ou Chitrakû *t* a, et R ijupâlukâ ; (3) Siddhârtharâja, Śreyânśa ou Yaśasvin par Triśalâ Vidchadinnâ ou Priyakâri *nî* ; (4) jaune; (5) un lion-- *keśarî-simha* ; (6) 7 mains ou coudées ; (7) 72 ans; (8) le *śala* ou teck; (9) Mâtam[postvocalique] ga et Siddhâyikâ; (10) Indrabhûti et Chandrabâlâ.

Les Tirthakuras peuvent être considérés comme les *dii majores* des Jainas, [4] bien que, devenus Siddhas, émancipés de toute préoccupation, ils ne puissent s'intéresser aux affaires mondaines. Eux et les êtres censés avoir atteint la perfection sont divisés en quinze espèces :

1. Tirthakarasiddhas;
2. Atîrthakarasiddhas ;3. Tirthasiddhas ; 4. Svalim[postvocalique] gasidddas;
5. Gasiddhas Anyalim [postvocaliques] ;
6. Gasiddhas Strilim[postvocaliques] ;7. Purushalim [postvocalique] gasiddhas ;8. Napum[postvocalique] sakalim[postvocalique] gasiddhas ;9. Gr ihalim[postvocalique] gasiddhas ;10. Tîrthavyavachchhedasiddhas ;11.

Pratyekabuddhasiddhas ;12. Svayambuddhasiddhas ; 13. Ekasiddas ;14. Anékasiddhas ;15. Bouddhabodhietasiddllas.[5]

Mais les dieux sont divisés en quatre classes, et chaque classe en plusieurs ordres : les quatre classes sont :

I. Bhavanâdhipatis, Bhavanavâsins ou Bhaumeyikas, dont il y a dix ordres, à savoir :

1. Asurakumaras ;
2. Nâgakumâras ;3. Ta *d* itkumâras ou Vidyutkumâras ;
4. Suvar *n* a- ou Suparnaka-kumâras ;
5. Agnikumâras ;6. Dvîpakumâras (Dîvakumâras);7. Udadhikumâras ;8. Dikkumâras ;9. Pavana- ou Vâta-kumâras ;10. Gha *n* ika- ou Sanitakumâras.

II. Les Vyantaras ou Vâ *n* amantaras, qui vivent dans les bois, sont divisés en huit classes : -

1. Piśâchas;
2. Bhûtas ;3. Yakshas ;4. Rakshasas ;5. Kimnaras ;6. Kimpurushas;7. Mahoragas;8. Gandharvas.

III. Les Jyotishkas sont les habitants de ;

1. Chandras ou les lunes ;
2. Sûryas ou les soleils ;3. Grahas ou les planètes ;
4. Nakshatras ou les constellations ;
5. Târâs ou les armées des étoiles.

Et IV. Les dieux Vaimânika sont de deux ordres : (1) les Kalpabhavas, qui sont nés dans les Kalpas célestes ; et (2) les Kalpâtîtas, nés dans les régions situées au-dessus des Kalpas.

(1) Les Kalpabhavas sont à nouveau subdivisés en douze genres qui vivent dans les Kalpas d'après lesquels ils portent leur nom ; à savoir,--

1. Saudharma ;
2. Îśâna ;3. Sanatkumara ;4. Mahendra ;5. Brahmaloka ;6. Lantaka;7. Śukra ou Mahâśukla ;8. Sahasrâra ;9. Ânata (Ân *aya*);
10. Prân *ata* (Pân *aya*) ;
11. Âra *n* a;
12. Achyuta.

(2) Les Kalpâtîtas sont subdivisés en : (a) les Graiveyakas, vivant sur la partie supérieure de l'univers ; et (b) les Anuttaras ou ceux au-dessus desquels il n'y en a pas d'autres.

(a) Les Graiveyakas sont de neuf espèces, à savoir :

1. Sudarsa *n* comme;
2. Supratipandhas ;3. Ma *n* oramas;
4. Sarvabhadras ;5. Suviśâlas ;6. Soma *n* asas;
7. Sumam [postvocalique] kasas ;8. Prîyam [postvocalique] karas ;9. Âdityas
ou Nandikaras.

(b) les dieux Anuttara sont de cinq ordres : à savoir :

1. Vijayas ;
2. Vaijayantas ;3. Jayantas;4. Aparâjitas; et5. Sarvârthasiddhas.

[6]

Ces dieux Anuttara habitent les cieux les plus élevés où ils vivent pendant
des durées variables à mesure que les cieux montent ; et dans le cinquième
ou le plus élevé – le grand Vimâna appelé Sarvârthasiddha – ils vivent tous
trente-trois Sâgaropamas ou périodes d'une durée inimaginable. Pourtant
tous les dieux sont mortels ou appartiennent au *sam[postvocalique] sâra* .

Au-dessus de ceux-ci se trouve le paradis des Siddhas ou des âmes parfaites,
et l' *Uttarâdhyana Sûtra* donne les détails suivants sur ce royaume des parfaits,
ou le paradis des Jainas :--[7]

« Les âmes parfaites sont celles des femmes, des hommes, des
hermaphrodites, des orthodoxes, des hétérodoxes et des chefs de famille. La
perfection est atteinte par les personnes de taille plus grande, plus petite et
moyenne ; [8] sur les lieux élevés, sous terre, à la surface de la terre. , dans
l'océan et dans les eaux (des rivières, etc.).

"Dix hermaphrodites atteignent la perfection en même temps, vingt femmes,
cent huit hommes, quatre chefs de famille, dix hétérodoxes et cent huit
moines orthodoxes.

"Deux individus de la plus grande taille atteignent la perfection
(simultanément), quatre de la plus petite taille et cent huit de la taille
moyenne. Quatre individus atteignent la perfection (simultanément) sur les
hauteurs, deux dans l'océan, trois dans l'eau, vingt sous terre ; et où vont-
elles pour atteindre la perfection ? Les âmes parfaites sont exclues du non-
monde (Aloka) ; elles résident au sommet du monde ; elles quittent leur corps
ici (en bas) et y vont, en atteignant la perfection.

"Douze *yojanas* au-dessus du (Vimâna) Sarvârtha est l'endroit appelé
Îshatpragbhâra, qui a la forme d'un parapluie; (là vont les âmes parfaites). Il
a quarante-cinq cent mille yojanas de long , et autant de large, et il est quelque
peu plus de trois fois plus de circonférence. Son épaisseur est de huit *yojanas*
, elle est la plus grande au milieu et diminue vers la marge, jusqu'à ce qu'elle
soit plus mince que l'aile d'une mouche. Cet endroit, par nature pur, constitué

d'or blanc. , ressemble par sa forme à un parapluie ouvert, comme l'a dit le meilleur des Jinas.

"(Au-dessus) se trouve un lieu pur et béni (appelé Śîtâ), qui est blanc comme une conque, la pierre d' *anka* et les fleurs de Kunda ; [9] un *yojana* est donc la fin du monde. Les âmes perfectionnées pénétrer la sixième partie de la *krośa la plus élevée* du *yojana* (mentionné ci-dessus) où résident les âmes parfaites et bénies, débarrassées de toute transmigration et parvenues à l'excellent état de perfection. L'âme est aux deux tiers de la hauteur que l'individu avait dans sa dernière existence.

"Les âmes perfectionnées considérées individuellement - *égattên a* (en tant qu'individus) - ont un début mais pas de fin, considérées collectivement -- *puhuttên a* (en tant que classe) - elles n'ont ni début ni fin. Elles n'ont pas de (visible), ils consistent en la vie tout au long, ils se développent en connaissance et en foi, ils ont franchi la frontière du Sam[postvocalique] sâra et ont atteint l'excellent état de perfection."

Comme les Brâhmanes *et* les Bouddhistes, les Jainas ont une série d'enfers - des Narakas, et ils en nomment même le nombre -

1. Ratnaprabha ;
2. Śarkarâprabhâ;3. Vâlukâprabhâ;4. Pam[postvocalique] kaprabhâ;5. Dhûmaprabhâ;6. Tamaprabhâ;7. Tamatamaprabhâ.[10]

Ceux qui habitent le septième enfer ont une taille de 500 perches, et chacune au-dessus de celle-ci mesure la moitié de la hauteur de celle en dessous.

Tout dans le système quant à la stature des dieux et des êtres vivants, leurs âges et périodes de transmigration est réduit à des nombres artificiels.

Les Jaina Gachhas.

Vers le milieu du Xe siècle, prospérait un grand prêtre jaïna nommé Uddyotana, dont les élèves donnaient naissance aux quatre-vingt-quatre gachhas. Ce nombre est encore mentionné par les Jaïns, mais les listes publiées jusqu'ici sont très discordantes. Ce qui suit a été obtenu d'un membre de la secte comme étant leur liste reconnue, et en tenant compte des différences d'orthographe, presque tous les noms peuvent être reconnus dans ceux précédemment publiés par M. HG Briggs ou le colonel Miles.

Les quatre-vingt-quatre Gachchhas des Jainas. [11]

1. ? *†	22. Vîka *d* îyâ*†	43. Sopâriyâ*†	64. Pâla *n* purâ*
2. Osvala*†3.	23. Muñjhîyâ*†24.	44. Mâ *nd* alîyâ*†	65.

Âm[postvocalique]chala*4. Jirâvalâ*†5. Kha *d* atara ou Kharatara 6. Lonkâ ou Richmati*†7. Tapâ*† 8. Gam[postvocalique]geśvara*† 9. Kora *nt* avâla† 10. Ânandapura†11. Bharavalî12. U *d* havîyâ*† 13. Gudâvâ*†14. Dekâüpâ ou Dekâwâ*†15. Bh nmâlâ†16. Mahu *dîyâ* *† 17. Gachhapâla*†18. Goshavâla†19. Magatragagadâ†20. Vr ihmânîyâ†21. Tâlârâ*†

Chitro *dâ* † 25. Sâchorâ*†26. Jacha *et* îyâ† 27. Sîdhâlavâ*†28. Mîyâ *nn* îyâ 29. Âgamîyâ†30. Maladhârî*†31. Bhavarîyâ†32. Palîvâla*† 33. Nâgadîgeśvara† 34. Dharmaghosha†35. Nâgapurâ*†36. Uchatavâla†37. Nâ *nn* âvâla*† 38. Sâ *d* erâ*† 39. Ma *nd* ovarâ*† 40. Śurâ *n* î*† 41. Kham[postvocalique]bhâvatî*†42. Pâëcham[postvocalique]da

45. Kochhîpanâ*†46. Jâgam[postvocalique]na*†47. Lâparavala*†48. Vosara *d* â*† 49. Düîvam[postvocalique]danîyâ*† 50. Chitrâvâla*† 51. Vega *d* â 52. Vâpa *d* â 53. Vîjaharâ, Vîjharâ*†54. Kâüpurî†55. Kachala56. Ham[postvocalique]dalîyâ†57. Mahukarâ†58. Putaliyâ*†59. Kam[postvocalique]narîsey†60. Revar *d* ıyâ*† 61. Dhandhukâ†62. Tham[postvocalique]bhanîpa *n* â* 63. Pam[postvocalique]chîvâla†

Gam[postvocalique]dhârîyâ*†66. Velîyâ†67. Sâ *d* hapunamîyâ 68. Nagarako *tîyâ* *† 69. Hâsorâ*†70. Bha *tanerâ* *† 71. Ja *n* aharâ*† 72. Jagâyana*73. Bhîmasena*†74. Taka *dîyâ* † 75. Kam[postvocalique]boja*†76. Sénatâ†77. Vagherâ*†78. Vahe *dîyâ* * 79. Siddhapura*†80. Ghogharî*†81. Nîgamîyâ82. Punamîyâ83. Varha *dîyâ* † 84. Nâmîlâ.†

Esquisse de la mythologie jaïna

Note de bas de page 1 : Voir *Ratnasâgara* , bh. II, pages 696 à 705.

Note de bas de page 2 : *Temples troglodytes* , pp. 491, 496 ; *Cambre. Sur. Ouest. Inde* , vol. Moi, p. 25 et pl. xxxvii; vol. V, p. 49 ; *Transactions, R. As. Soc.* , vol. Moi, p. 435. A Rânpur dans Godwâr, dans le temple de Rishabhanâtha se trouve une dalle finement sculptée représentant Pârśvanâtha dans la position Kâyotsarga, assisté par des divinités serpents, - *Archit. et Paysages du Gujarât et du Râjputâna* , p. 21. L'histoire a des variantes : conf. *Ind. Fourmi* . vol. XXX, p. 302.

Note de bas de page 3 : Les Digambara décrivent les couleurs des septième et vingt et unième Jinas comme étant de couleur *marakada* ou émeraude.

Note de bas de page 4 : Pour un récit du rituel de la secte Svetâmbara des Jainas, voir mon récit dans *Indian Antiquary* , vol. XIII, p. 191-196.

Note de bas de page 5 : *Jour. Asiatique* . IXme Ser. à M. XIX, p. 260.

Note de bas de page 6 : Conf. *Ratnasâgara* , bh. II, pages 616, 617 ; *Jour. Asiatique.* IXme Ser. tome XIX, p. 259 ; *Sac. Bks. E.* _ vol. XLV, p. 226 s. Voir aussi *Rév. de l'Histoire des Relig* . à M. XLVII, pp. 34-50, paru depuis la rédaction de ce qui précède, pour "La doctrine des êtres vivants dans la Religion Jaina".

Note de bas de page 7 : Voir *ante* , p. 11, note 10 ; L'extrait suivant est tiré de *Sac. Livres d'Orient* , vol. XLV, p. 211-213.

Note de bas de page 8 : La plus grande taille - *ogâhan â* - des hommes est de 500 dhanush ou 2000 coudées, la plus petite est d'une coudée.

Note de bas de page 9 : La courge Lagenaria vulgaris.

Note de bas de page 10 : *Ratnasâgara* , bh. II, p. 607 ; *Jour. Comme* . usp 263.

Note de bas de page 11 : Les noms marqués d'un * se trouvent dans la liste *Tr. du colonel Miles. RAS* vol. III, p. 358 et suiv. 363, 365, 370. Ceux marqués † sont inclus dans la liste de HG Brigg, -- *Villes du Gujarashtra* , p. 339.